Gerd Tesch – Corona, kopflos

© 2020
Copyright by
Kontrast Verlag
D-56291 Pfalzfeld
www.kontrast-verlag.com
1. Auflage
Alle Rechte vorbehalten
Titelgestaltung: Bajo
Titelzeichnung: Norbert Thinnes
Nach einer Zeichung von Johann Wolfgang von Goethe
ISBN 978-3-941200-83-8

Gerd Tesch

Corona, kopflos

Kriminalroman

„Am Morgen des 16. April trat der Arzt Bernhard Rieux aus seiner Wohnung und stolperte mitten auf dem Flur über eine tote Ratte."
So beginnt der Erzähler „die eigentliche Erzählung".
Albert Camus *Die Pest*, 1947

„Jetzt wird man ohne weiteres zugeben, daß unsere Mitbürger in keiner Weise auf die Ereignisse vorbreitet waren, die sich im Frühling dieses Jahres (1941) abspielten."
Mit diesen Worten beurteilt der Arzt-Chronist die Situation.
Albert Camus *Die Pest*, 1947

„Wie entsteht ein Verhängnis? Indem es seine Entstehung verbirgt. Es schleicht sich heran, es gewöhnt sich an uns, und im Augenblick, da wir seine Fratze erkennen, lacht sie uns aus. Es ist zu spät, flüstert das Verhängnis."
Thomas Hürlimann, Das Gartenhaus

„Ich kann die Bewegung der Himmelskörper berechnen, aber nicht das zuweilen abnorme Verhalten der Menschen."
Isaac Newton

Prolog

„Das ganze Unglück der Menschen rührt allein daher, dass sie nicht ruhig in einem Zimmer zu bleiben vermögen."

Hellsichtig hat Blaise Pascal brenzlige Geschehnisse, wie wir sie in diesen Zeiten ertragen müssen, auf den Punkt gebracht.

Ich weiß, was du entgegnen wirst, Corona, sage ich und nähere mich der fremden Corona mit einem tiefen Lungenzug. Wasser auf deine moralische Mühle, ich weiß, insbesondere wenn ich dann auch noch husten muss und vergesse, dies in die Armbeuge zu tun.

Du antwortest, der Überlebensinstinkt werde bald der nackten Begierde zu leben weichen.

Ich räume ein, dass die Vor-Sicht das Risiko des Lebens verlangt.

Du verweist triumphierend auf Corona-Partys amerikanischer Studenten in Alabama, die Covid-19-Infizierte einladen, um unter dem Motto „Wer hat es zuerst?" Corona-Roulette zu spielen und darauf Wetten abschließen, Reflexe auf die Trumps und Bolsonaros einer kaputten Welt.

Dummheit und Zynismus gedeihen, wenn man die Realität nicht aushält. Dagegen schreibe ich an: Eine Geschichte, die sich tatsächlich ereignet hat. Zum Teil habe ich sie selbst erlebt, zum Teil wurde sie mir erzählt.

Kapitel 1
Grausige Entdeckung

„Mein Gott!", stöhnt sie und lässt den Deckel fallen.

Mit zittrigen Fingern tippt sie die eins eins null ins Handy.

„Weiblicher Rumpf in der Biotonne", stammelt sie. „... Lena Roßkopf ... Simmern ... Am Stadtgarten vierundzwanzig c, *Papageienhaus*."

Der Regen trommelt auf ihre Kapuze. Sie rennt zur Eingangstür und stochert fahrig mit dem Schlüssel im Schloss herum. Da öffnet Doktor Bartschneider von innen.

„Ist Ihnen 'ne Laus über die Leber gelaufen, Frau Nachbarin", höhnt er mit einem Grinsen im Gesicht.

„Schrecklich, schrecklich", keucht sie und stürzt an ihm vorbei zu ihrer Wohnungstür.

Mit einem Klack spannt der Schirm sich auf und beschirmt den rothaarigen Mann, der stocksteif zu der schwarzen Limousine stakst, deren Fahrertür sich wie von Geisterhand öffnet. Mit quietschenden Reifen rast er davon.

Wenige Minuten später klingelt es.

„Hauptkommissarin Schmidt, mein Kollege Oberkommissar Bachmann", sagt eine dunkelhaarige Polizistin mit rauer Stimme und zeigt die Polizeimarke her. „Frau Roßkopf?"

Die etwa sechzigjährige hochgewachsene, ausgemergelte Frau, Brille auf der Hakennase, blasses Gesicht, unruhiger Blick, nickt und krächzt: „Moment, ich zeig's Ihnen."

Sie schlüpft in eine Regenjacke, zieht die Tür hinter sich zu und huscht an beiden vorbei. Der Regen hat nachgelassen ...

Unterhalb des Hauses zur Linken zeigt sie auf Biotonne A, ihre Tonne. Die führt den Reigen der Abfallbehälter hinter dem Garagentrakt des *Papageienhauses* an.

Der Kommissar hebt den Deckel, rückt den Mundschutz zurecht und sucht den Blick der Chefin. Die schaut hinein, nestelt an der Gesichtsmaske und tippt sogleich Ziffern ins

Smartphone, um die Spusi einzubestellen. Bachmann fotografiert den grausigen Fund: weiblicher Torso mit Schlangentätowierung, darauf ein tote Ratte. Durchgeschnittene Blutgefäße ragen wie zerfranste Kanülen aus dem geronnenen, rötlichbraunen Blut. Er erinnert sich dunkel an einen Verstümmelungsfall, den man bei der kriminologischen Ausbildung auf der Polizeihochschule präsentiert hatte. Dabei huscht schnappschussartig eine makabre Bettszene mit der damaligen Dozentin Laura Schlösser an seinem inneren Auge vorbei, eine peinliche Erinnerung.

„Frau Roßkopf", weist die Kommissarin an, „warten Sie bitte in der Wohnung. Nachher kommen wir zu Ihnen."

Die Frau greift, wie Schwerhörige es tun, mit gewölbter Handfläche ans Ohr, Geduldig wiederholt Schmidt die Ansage in gebotener Lautstärke. Roßkopf schlurft kopfschüttelnd davon.

Bachmann manövriert das Dienstfahrzeug vor die Garagen, gleichsam als Sichtschutz vor die verwitterte Hinterhofecke, die Fund-, vielleicht auch die Tatzone.

Das Tor der Garage vor den Mülltonnen ist geöffnet.

Der Kommissar wirft einen Blick hinein: Ein grauer Golf mit einem *SIM*-Kennzeichen, an der Rückwand ein Regal bis zur Decke, das allen möglichen Handwerksutensilien, Gartenschere, Hammer, Säge, Schraubenschlüssel und so weiter Platz bietet, ordentlich eingeräumt. Nebenan zwei weitere Garagen; dahinter, etwas erhöht, eine ähnliche Garagenzeile des benachbarten Mehrfamilienhauses. Eine zweite Zeile rahmt den gepflasterten Innenhof des *Papageienhauses* rechter Hand ein.

„Natürlich keine Videoüberwachung", grummelt er.

„Jörg, schau mal in die anderen Biotonnen!", ordnet Schmidt an.

„Nicht zu fassen!", raunt er, als er Biotonne B *Doktor Eitel-Rück* aufklappt. „Ein Arm mit der gleichen Schlangentätowierung."

Er eilt zu den weiteren Behältern. In Biotonne C *Finger* findet sich der andere Arm. Biotonne D *Armbruster/Kraushaar* beherbergt das rechte Bein, Biotonne E *Faust* das linke, dessen Fußgelenk die Schlangentätowierung umkreist.

„Wo ist der Kopf?", fragt Bachmann konsterniert, „Biotonne F *Doktor Bartschneider* ist leer."

Bei diesen Worten blickt er nach oben und … erhascht einen flüchtigen Blick aus weit aufgerissenen Augen. Selbigen Moments schnurrt in dem Dachkammerfenster der Rollladen herunter.

„Und die anderen Mülltonnen?", ruft die Chefin.

Klack, klack, klack …

„Fehlanzeige", stellt er fest.

Da kurvt ein zweiter Polizeiwagen in die Einfahrt.

Die Beamten der Spusi nehmen sogleich ihre delikate Arbeit auf, Spurensicherung in, auf und um die Mülltonnen mit Bioabfall, Restmüll, Plastik und Papierabfall.

Das *Papageienhaus* wird mittlerweile angestrahlt von ersten Sonnenstrahlen, die durchs Astwerk der Stadtgartenbäume hinter und oberhalb der Mülltonnen blinken.

Zum Glück ist es noch früh am Tag und das Areal von außen kaum einsehbar, denkt sich Schmidt. Gaffer hätten keine Chance, ihre Neugier zu befriedigen. Im selben Moment ertönt *Melissa*, die Erkennungsmelodie des Smartphones, und kündigt eine SMS an.

Hallo Corinna, was ist im Papageienhaus los? Verena Preiss.

Ein allzu frühes Medienecho muss ich unbedingt verhindern, schießt es der Hauptkommissarin durch den Kopf. *Haltet bitte im Moment die Füße still. Ich verlasse mich auf dich, Verena, und melde mich alsbald. Es soll dein Schaden nicht sein!*, antwortet sie.

Bachmann eilt zur Eingangstür des Mehrparteienhauses, drückt auf die Klingelknöpfe, bis jemand öffnet, und steigt die Treppe hinauf. Keuchend springt er hoch, um an die Klapptür zum Speicher zu klopfen, wobei die Gesichtsmaske verrutscht. Nichts rührt sich.

Mit dem Taschentuch wischt er sich Schweißtropfen von Stirn und Glatze, hustet, schaut sich um, öffnet mit einer Fünf-Cent-

Münze, die sein Portemonnaie aufbewahrt, den Metallkasten an der Seitenwand des Flurs und erschrickt: Wie von Geisterhand schießt die Speichertür herab, begleitet von *Stairway to Heaven*:

There's a lady who's sure
All that glitters is gold
And she's buying a stairway
To heaven

When she gets there she knows
If the stores are all closed
With a word she can get
What she came for
And she's buying a stairway to heaven.

Kapitel 2
Corona-Lockdown

Stunden zuvor.

Wie schnell doch das alte Leben, die Routine von gestern, verblasst. Kopfschüttelnd blättert Corinna eine Seite im Tagebuch zurück, das heißt sieben Tage. Irritierend, was sie damals in die Kladde geschrieben hat:

16. März 2020. Ausgiebiger Spaziergang mit H. in E. Dann, wie immer, zweites Frühstück im Café J.

Sie greift zur Feder, natürlich zum Füller, zum Füllfederhalter.

Echos aus dem Gestern. Heute, eine Woche später: Ausgehverbot und das Café J. in E. geschlossen. Homeoffice für viele (Besserverdienende) das Gebot der Stunde – ein Ort vermeintlicher Sicherheit?

Heroisch ist das nicht, zugegebenermaßen. Aber es ist keine Zeit für Heroismus. Der kann heutzutage ebenso lebensgefährlich sein wie Ignoranz und Dummheit.

Isoliert, aber immerhin digital just in time weiträumig verbunden; Lagerkoller allerdings nicht ausgeschlossen. Blutarmes Kontaktgeplänkel am Bildschirm – eine konkrete Dystopie? Traumwelt der Social-Media-Konzerne. Oder trotzig doch Bleib-zu-Hause-Party feiern? Biedermeierlich? Welche alternativen Lebensfenster werden sich öffnen? Klar ist eines: Corona desillusioniert zeitgeistige Allmachtsfantasien.

Nur Systemrelevante, zu denen wir Polizisten gehören, müssen vor Ort oder im feindlichen Draußen arbeiten, wo Covid-19 alles in seinem unsichtbaren, Angst machenden Griff hält. Streifenkollegen kontrollieren den Lockdown. Die Orte entleert, wabernde Stille ringsum, staatlich verordnet. Eine gespenstische, eine Geisterwelt.

Verdi fordert für alle, die nun Alltagshelden heißen, eine steuerfreie Zulage. Tunnel-BWLer wollen unbedingt den Shutdown in Wirtschaft und Gesellschaft nach den Osterferien lockern. Ein Schlaumeier ruft, bar aller Bildung, die ‚ökonomische Gretchenfrage' auf, wie lange sich der Lockdown verkraften lasse. Bevor der Peak nicht erreicht sei, sei das ausgeschlossen, grätscht die Bundeskanzlerin aus verordneter Quarantäne dazwischen, energisch. Wenigstens die blonden Wettermoderatorinnen von ntv *verbreiten aus privatem Garten-Homeoffice-Idyll, wo erste Blüten rosa, gelb und weiß knospen und den Frühling ankündigen, einen Hauch von Alltagsnormalität. Wenigstens deren Vorhersagen stimmen am nächsten Tag in etwa mit der Realität überein. Ob die Vogelstimmen im Hintergrund echt sind oder eingespielt? Ich weiß es nicht. Immerhin harmonieren sie mit den Sonnenstrahlen, die der Frühling wie zum Hohn durchs Fenster schickt, aus tiefblauem Himmel, ohne die gewohnten Kondensstreifen. Egal, Corona schert dies alles ohnehin einen feuchten Kehricht. Es wirkt wie ein unbestechlicher Staubsauger. Gnadenlos entwirklicht es, was bislang war und galt. Corona, der totalitäre Anarchie-Mechanismus schlechthin, der vielerorts Krankenhäuser füllt und öffentliche Plätze leert. Das zeigen die medialen Bilder. Bergamo. Corona-Nachrichten sind wie Beipackzettel. Hat das schon mal jemand überlebt? Ich nehme keine Tabletten. Also müsste ich den Nachrichten-Magneten außer Kraft setzen können.*

Ist doch merkwürdig, geht es Corinna durch den Kopf, sonderbar, nein eigentlich paradox: Draußen in der Welt herrscht eine surreale Zeitlupe, Mehltau über dem Alltag. Im Netz hingegen tobt der Sturm. Was, wenn das Netz auch noch ausfiele? Der Albtraum schlechthin. Oder doch nicht?

„Wie im Nachkriegsjahr" hat Tante Eleonore am Telefon geflüstert. „Die Straßen menschenleer, Ungewissheit, was werden wird. Wie lang wird diese Ungewissheit andauern? Ausbleibende Antworten schlagen aufs Gemüt, wenn kein Licht am Ende des Tunnels in Sicht ist."

Das Leben geht weiter; allerdings in einem ganz anderen Takt, jenseits der fieberhaften Mobilität der vormaligen Welt.

„Das ist ganz wichtig." In Endlosschleife sondern Wissenschaftler und Politiker diese Ohnmachtsfloskel ab. Da fällt mir Fausts resignierter Stoßseufzer beim Osterspaziergang ein: Was man nicht weiß, das eben brauchte man, und was man weiß, kann man nicht brauchen. *Wichtig wäre jetzt eine metaphysische Pandemie, um später den von alters her bekannten verhängnisvollen Zyklus aus Panik und Vergessen durchbrechen zu können. Sonst werden wir uns neue Pandemien einhandeln.*

Corinna unterstreicht den letzten Satz mit einer heftigen Handbewegung. Wie Blut rinnt dunkelblaue Tinte aus der Füllerfeder. Auch die hat gelitten.

Mein emotionales Immunsystem wird nicht leiden, wenn Corona attackiert!, trotzt sie den Fragezeichen, die sich im Kopf tummeln. Der Blick in den Spiegel muntert sie auf. Trotz bald fünfzig belagern nur wenige Fältchen dunkle Augen, die ihr entgegenglühen; schwarze Haare haben nichts an Fülle verloren.

Hauptkommissarin Schmidt steigt in die Uniform und legt den Mund-Nasenschutz an. Dem erzwungenen Selbstversuch stellt sie sich, notgedrungen.

Als sie das Haus verlässt, wartet Kollege Bachmann bereits im Dienstwagen, ebenfalls verkleidet.

„Weißt du, Jörg", sagt sie, „wir müssen aufpassen, dass wir nicht paranoid werden, kontaktphobisch sozusagen."

„Da liegt tatsächlich was in der Luft", grummelt er beim Losfahren, „und damit meine ich nicht nur Coronapartikel, Corinna. Bis gestern hatte man junge Männer mit einer bestimmten Optik auf dem Schirm, Rassevorwurf hin oder her. Heute – jedermann."

Sie nickt. „Das hält niemand allzu lange aus. Solch ein Misstrauen zerfrisst unsere Gesellschaft von innen heraus. Welche Sündenböcke wird man diesmal an den Pranger stellen?"

„Zumindest wird bald das Blame-Game losgehen, vermute ich", meint Bachmann.

„Dafür tanzen politisch zur Zeit genug testosterongesteuerte Autokraten auf der Weltbühne", seufzt Corinna.

„Apropos testosterongesteuert", sagt er mit einem grinsenden Seitenblick, „wir sind auf Sex programmiert, nach dem Lockdown wird's orgiastisch, Corinna."

„Männerfantasien", bügelt sie ihn barsch ab.

Er lacht. „Vorerst könnte unter der Hand Vollverschleierung angesagt sein", frotzelt er und provoziert ein schräges Lächeln auf dem Gesicht der Chefin, die dann ein „Vermummungsgebot" ins Spiel bringt. „Eins zu eins", sagt er und beschleunigt.

Humor ist wichtig in unserer weiträumigen, gedankenzerquälten Zeit, geht Corinna eine Formulierung von James Joyce durch den Kopf. Aus den *Dubliners*, glaubt sie sich zu erinnern. Das mit dem Sex könnte stimmen. Könnte zur emotionalen Immunisierung beitragen – eingedenk der Aufforderung, räumlich voneinander Abstand zu halten. Die emotionale Distanzierung im Geleitzug tut nicht gut. Sie sehnt sich nach Johannes Haller, dem Freund im fernen Teneriffa. Mit einem Hüsteln verbannt sie Sex aus dem Kopfkino. Jörgs Blick streift sie von der Seite. Seine Lippen scheinen sich auf ein Lächeln vorzubereiten. Er kennt sie. Sie weiß es.

Von Klosterkumbd kommend, fahren sie in Schrittgeschwindigkeit am Dorffriedhof vorbei. Einige Schwarzgekleidete umstehen unter Wahrung des Abstandsgebots das offene Grab. Der Pfarrer, gesichtsmaskiert wie alle, schwenkt gerade den Weihrauchkelch über dem Sarg.

„Früher hat das halbe Dorf teilgenommen", meint Corinna, kopfschüttelnd.

„Zwanzig, mehr geht nicht", knurrt Jörg.

Vier Monate später, am achtzehnten Juli, wird die *FAZ* unter der Headline *Bestatter melden Kurzarbeit an* berichten, coronabedingt sei weniger operiert worden, seien folglich weniger Alte und Schwache nach Operationen verstorben, hätten sich weniger Patienten mit tödlichen Keimen infiziert, habe es weniger tödliche Verkehrsunfälle gegeben.

Als die Ermittler nach rechts Richtung Kreisstadt abbiegen, meldet sich die Zentrale. „Notruf aus Simmern, Am Stadtgarten vierundzwanzig c."

„Wir übernehmen", sagt Schmidt.

Kapitel 3
Heimlicher Beobachter

Hat der Kollege mich gesehen? – Verdammt! – Nun ja, ist passiert. – Vielleicht gar nicht mal schlecht. Die Fährte lenkt ab.

Drohungen hat Corona ignoriert, Warnungen in den Wind geschlagen. Unverhofft haben sie zugeschlagen, ihr den Kopf abgeschlagen. Die schrecken vor nichts zurück. Ich hab's befürchtet.

Der Glatzkopf will's wissen. Na denn, muss ich eben die Feuerwehrtreppe draußen nehmen. Bis er hierher auf den Dachboden gelangt, bin ich über alle Berge.

Ich werfe ihm einen Köder hin, ein Foto mit Coras Kopf.

Er fingert ein zerknittertes Foto aus seinem Brustbeutel und notiert auf die Rückseite:
23.03.20, 8 Uhr 15 – Coronas Kopf
Blendende Idee.
Die werden mir nicht in die Quere kommen. – Der Fall ist mein Fall, allein mein Fall!
Sie kapieren ohnehin nichts. Sie werden auch künftighin im Dunkeln tappen, von Rätsel zu Rätsel torkeln, allenfalls Best-of-Fehlschlüsse generieren. Unvermeidlich. Coras Dschungel, der Irrgarten ihrer kopflosen Logik. Lange ihr Vorteil, seit Kurzem allerdings ihr Verhängnis, weil sie – das neurotische Schneckenhaus verlassen hat. Wäre sie doch nur ihrem Grundsatz treu geblieben: keine Gefühle. Gefühle? Das Hinterletzte, was ich will! Hat sie mir oft genug zu verstehen gegeben, nicht selten mit einem spöttisch-bitteren Lächeln auf den Lippen. Ich kam nicht dahinter. Ihr Schneckenhaus blieb mir verschlossen.
Da gäbe es ein vornamensgleiches Vorbild, hat sie mal angedeutet. Leider erst sehr spät. Darüber Bescheid zu wissen, müsse doch auch in meinem Interesse sein. Wessen Interesse denn sonst? Abgesehen von einigen verschrobenen Experten im akademischen Wolkenkuckucksheim. Ich solle mich gefälligst endlich mal genealogisch schlaumachen. Hab ich getan. Da ist mir ein Licht aufgegangen. Zu spät, muss ich mir eingestehen. Doch hätte es etwas geändert? Ich weiß es nicht.
Auch Miriam scheint mit dieser Art Beziehung bestens klargekommen zu sein. Gefühlsverzicht – lange das Funktionsgeheimnis beider Beziehung? Haben sie diesen Kick der Sinnlosigkeit gebraucht? Der passte wohl zu ihrem Leben, zu dem, was jede dafür gehalten hat? Deshalb wird Miriam den Verlust bald verschmerzen. Anders als ich.
Dennoch wird sie es wissen wollen: Warum ist es passiert? Warum ist es so passiert?
Miriam braucht mich noch. Vor allem aber will ich es wissen. Und nicht nur das. Das bin ich Cora schuldig, das bin ich beiden schuldig.

**Kapitel 4
Befragung Roßkopfs**

„Frau Roßkopf, wir müssen Ihnen ein paar Fragen stellen", erklärt Kommissarin Schmidt, etwas lauter als üblich.

Mit ihrem Kollegen hat sie am wuchtigen Holztisch im Wohnzimmer Platz genommen, der Zeugin gegenüber. Corona-Meter Mindestabstand, Fenster geöffnet, Mundschutz nach unten gezogen. Corinnas Augen streifen für einen Moment den Sims mit seiner kunterbunten Ansammlung kitschiger Porzellanfiguren. Wie bei meiner Oma, verrät ihr Blick dem Kollegen Bachmann, der zu verstehen scheint. Soeben verkündet der Ruf der Kuckucksuhr von der mit Blümchentapete verzierten Wand zehn Uhr.

Roßkopf fährt sich mit der Hand übers borstige Kinn und schaut die beiden Polizisten aus tiefliegenden grauen Augen düster an.

„Ich kann mir denken, was Sie wissen wollen", schnarrt sie.

„Und?", fragt Bachmann.

„Könnte ... die Kraushaar sein", murmelt sie.

„Kraushaar?", fragt Schmidt.

„Die wohnt im Dachgeschoss links", grummelt Frau Roßkopf. „Biotonne D übrigens."

Die Fahnder wechseln Blicke.

„Wie kommen Sie darauf?", wundert sich Bachmann.

„Na ja, dreißig bis fünfunddreißig, üppige Brüste. Könnte passen, oder?", meint sie ungerührt.

„Hat jemand einen Schlüssel zu der Wohnung?", will Bachmann wissen.

„Keine Ahnung, keiner, vermute ich, Herr Kommissar. Hier traut keiner dem andern", kommt die Antwort wie aus der Pistole geschossen.

„Ein ehrenwertes Haus", kommentiert er.

„Könnte man so sehen", murmelt sie. „Aber auch ein Geisterhaus."

„Wie das?"

„Sie werden's schon noch herauskriegen, Herr Kommissar."

„Könnten Sie uns etwas zu Frau Kraushaar sagen?", hakt Schmidt nach.

„Und ob!", faucht Roßkopf. „Üble Schlampe ..."

„Harsches Urteil", kommentiert die Kommissarin.

„Die geht keiner ordentlichen Arbeit nach, wenn Sie mich fragen. Ich hab da so 'ne Vermutung ..."

„Ich frage Sie", fällt Bachmann ihr ins Wort.

„Alle naselang Besuche", kommt es ihr spitz über die Lippen.

„Männer?"

„Nicht nur. Ist vielleicht, wie sagt man, bi ..."

„Sie meinen, sie treibt's mit Männern und Frauen?", lässt Bachmann nicht locker.

„Das haben Sie gesagt, Herr Kommissar", mosert Roßkopf und die Flügel der Hakennase kräuseln sich. In das nachfolgende Schweigen hinein lästert sie: „Des Nachts ist sie oft weg."

„Halten Sie Wache oder woher glauben Sie, das zu wissen", entfährt es Corinna Schmidt.

Roßkopf verschränkt die Arme und zischt: „Muss mich nicht von Ihnen beleidigen lassen."

„Das war nicht die Absicht der Kollegin", beschwichtigt Bachmann. „Sie haben uns bereits sehr geholfen, Frau Roßkopf. – Noch eine Nachfrage."

„Bitte, Herr Kommissar", sagt sie mit einem verächtlichen Blick in Richtung Schmidt.

„Mangelndes Vertrauen im Haus haben sie beklagt."

„Lauter Egoisten. Kein Gemeinsinn."

„Aha?"

„Beispiele gefällig?"

Bachmann nickt.

„Kein Mensch hält sich an die Vereinbarung, im wöchentlichen Wechsel Treppen und Flur zu putzen, niemand nimmt mal für den Nachbarn eine Postsendung an, jeder blökt rücksichtslos im Treppenhaus, benachbarte Mülltonnen werden vollgestopft, wenn die eigenen überlaufen und so weiter und so weiter", lässt sie ihrem Unmut freien Lauf.

„Wie stehen die Mitbewohner denn zu Frau Kraushaar?", erlaubt sich Schmidt zu fragen. Roßkopfs Brauen ziehen sich zusammen, doch sie schnattert drauflos, freilich ohne die Kommissarin anzuschauen.

„Der blasierte Doktor Bartschneider von nebenan", sie zeigt mit dem knöchrigen Finger nach links, „ein schmieriger Winkeladvokat, Herr Kommissar, der ist in die aufgedonnerte Zicke verknallt, keine Frage. Aber er hat keine Chance bei ihr. Miriam Armbruster, oben die Nachbarin der Kraushaar, ist Stewardess. Die taucht nur sporadisch auf. Deshalb … keine Ahnung. Der Erich Finger, ein langweiliger Finanzbeamter, behauptet, sie aufs Blut nicht ausstehen zu können. Hat er mir mal gesteckt. Vielleicht hat er Einblick in ihre finanziellen Dinge und ist deshalb neidisch. Der Porsche der Kraushaar spricht doch Bände, oder?"

Die Ermittler zucken mit den Schultern.

„Und für die miesepetrige Gymnasiallehrerin Doktor Eitel-Rück, die nach der Scheidung keinen mehr abzubekommen scheint, sind ohnehin alle Mitbewohner Luft. Ihrem schmierigen Nachbarn, dem Barkeeper Faust, hat sie mal mit derselben eins auf die Nase gegeben."

„Noch was?" Schmidt wirkt genervt.

"Nein!", zischt Frau Roßkopf.

„Was ist mit dem Speicher?", will Bachmann wissen.

„Fragen Sie beim Taubenzüchterverein nach", spöttelt sie. „Geisterhaus eben."

„Wer ist übrigens der Besitzer des Geisterhauses?", fragt die Kommissarin.

„Der Geizhals Finger", knurrt Roßkopf. „Die beiden Dachgeschosswohnungen hat ihm allerdings die Kraushaar letztes Jahr abgekauft. Wir anderen sind allesamt Mieter."

„Danke für Ihre Informationen", sagt Bachmann und folgt seiner Kollegin, die kurz nickt, nach draußen.

„Schreckliche Misanthropin." Corinna Schmidt schüttelt sich und holt tief Luft. „Null Toleranz und davon viel."

„Miesepetrig, keine Frage", lacht Bachmann.

„Lass uns die Kraushaar-Wohnung inspizieren, Jörg", denkt seine Chefin laut nach.

„Hab die Schlüssel am Mann", frotzelt er und folgt ihr die Treppe hinauf.

Die Sache mit dem unbekannten Beobachter aus dem Dachfenster behält er zunächst ebenso für sich wie das Portraitfoto, das er auf dem Dachboden vorgefunden und eingesteckt hat.

Auch Led Zeppelins Hinweis auf die Dame, die eine Treppe in den Himmel kauft, bleibt sein Geheimnis. Eher eine Treppe in die Corona-Hölle, huscht ein Gedanke durch seinen Kopf.

Corona K.
- Sozialverhalten: kühl, distanziert, eigenwillig, konfliktbereit, kein Harmoniebedürfnis; mal extrovertiert, mal introvertiert, wenig berechenbar; uninteressiert an gesellschaftlicher Statuszuschreibung; Mülltrennung sei Ökospinnerei usw.
- Freunde: eher nicht
- Kommunikation: raffiniert uneindeutig oder mehrdeutig
- Intelligenz: außergewöhnlich hoch, gleichwohl nicht immer schlau
- Sexualität: bisexuell, zur Zeit lesbisch unterwegs
- familiärer Kontext: Fehlanzeige!
- Konsumverhalten: keine Shoppingwünsche
- Fetisch: Titten; 911er
- politische Orientierung: Neigung zu Extrempositionen oder gleichgültig
- Hobbys: Motorradfahren, Jogging, Linux, klassischer Gesang, klassisches Schauspiel, sammelt Selfies
- Beruf: Chefin und Inhaberin der IT-Firma *Siwei* mit kompromisslosen Erwartungen an Mitarbeiter („Genderblödsinn" hasst sie)

- Kreditwürdigkeit: steht außer Frage, wenngleich Bankvermögen nur noch zwei Millionen Euro
- Blutgruppe: 0
- Gesundheitsstatus: trotz gelegentlichen Rauchens top, abgesehen von Schlafmangel und …
- Angststörung angesichts von Insekten, Hunden, Babys
- Abneigung: gegen Waschlappen, Machos und „Verantwortungsflüchtlinge", so ihre Zuschreibung
- Grundhaltung: angstfreier Optimismus, lebensbejahend; dennoch nicht frei von Zynismus

Kapitel 5
Geisterwohnung im *Papageienhaus*

Schmidt klingelt an der Wohnungstür „Corona Kraushaar". Keine Reaktion. Kein Mucks ist zu hören. Stille.

„Bin gespannt, was uns erwartet", grummelt Bachmann, während er unbotmäßig öffnet. Die beiden Fahnder tasten sich durch einen verspiegelten Flur, jeweils eine Tür links und rechts. Bachmann öffnet links und blickt in ein Schlafzimmer mit Doppelbett, frisch bezogen, wie es scheint. Hinter einer Schiebetür ein großzügiges Badezimmer mit riesiger Wanne. Schmidt schaut hinter der rechten Tür in eine weiße Küche mit Esstisch.

Die Ermittler stoßen die Tür der Frontseite auf und werden von gleißenden Sonnenstrahlen empfangen. Weitläufige Fensterfront, davor ein Balkonrondell, das Rundumsicht über Simmern gewährt. Die Türme von Stephans- und katholischer Kirche sind Blickfänge. Der lichtdurchflutete, nach oben hin bis zu den Giebeln offene Raum, umrahmt von weißen, dicht bestückten, deckenhohen Bücherregalen, wirkt wie eine Bibliothek mit zwei Sitzecken zum Lesen und Plaudern.

„Könnte mir gefallen. Roßkopfsche Lustecken sind das jedenfalls nicht", stellt Corinna lapidar fest und registriert zu ihrem Erstaunen eine Vielzahl von Büchern von und über Goethe und die Weimarer Klassik. Im Kontrast dazu Werke von Thomas Bernhard, *Holzfällen* und andere. Obendrein liegen da ausgerissene *Spiegel*-Bestsellerlisten, deren Empfehlungen Einzug in ein Bücherbord gefunden haben, das noch nicht restlos gefüllt ist. Jonathan Franzens Essay *Wann hören wir auf, uns etwas vorzumachen* sticht ebenso ins Auge wie Ivan Krastevs *Ist heute schon morgen?*

„Eher eine High-Tech-Kommandozentrale mit vorgelagerter Intellektuellenstaffage", dringt Jörgs Stimme aus dem Raum hinter der Bibliothek.

Seine Chefin eilt hinzu und erstarrt: „Wohl wahr."

Ein riesiger fensterloser Raum mit einer Armada flimmernder PC-Bildschirme unter kaltem Neonlicht. Über der Tür an der Frontseite ein großflächiger, ebenfalls flimmernder Bildschirm. Kein Mensch ist zu sehen. Gespenstische Stille liegt über dem unwirklichen Gewusel.

„Träum ich, Jörg?", keucht sie. „Wie in einem Science-Fiction-Film."

Sie erhält keine Antwort. Sie blickt um sich. Der Kollege ist nicht mehr da. Sie durchmisst den riesigen Raum, kehrt um und landet wieder in der Bibliothek.

Bachmann sitzt da, gedankenleer. – Wortlos steht er auf und verlässt die Geisterwohnung durch den verspiegelten Flur. Sie folgt ihm.

Draußen öffnet er mit dem Wunderschlüssel die Nachbarwohnung „Armbruster", die vermeintliche Stewardess mit der Mülltonne D, und schaut in den riesigen Raum mit den flimmernden Bildschirmen.

Ein Animationsfilm zieht die Blicke an. Eine Frau nimmt die Maske vom Gesicht. Ihr Mund ist weit aufgerissen, Zähne wachsen heraus. Urplötzlich schnellt die Zunge nach außen. Schlangengleich umspielt sie die Zähne. Die ziehen sich zurück. Wie von Geisterhand stülpt sich die Maske wieder über das Gesicht.

Kapitel 6
Soko Torso I: Tatverdächtige

Oberstaatsanwältin Leila Löwenbrück hat wie üblich Hauptkommissarin Corina Schmidt die Leitung der neu gegründeten *Soko Torso* übertragen. Die DNA von Haarproben aus dem Badezimmer Corona Kraushaars hat die Vermutung der Mitbewohnerin Roßkopf und die Identität der Toten zweifelsfrei bestätigt, einerseits. Andererseits lässt eine unbekannte zweite DNA auf eine andere weibliche Person schließen.

Die gerichtsmedizinische Untersuchung legt nahe, dass der Todeszeitpunkt etwa zehn Stunden zurückliegt, also gegen zweiundzwanzig Uhr am zweiundzwanzigsten März. Die Auswertung der Spuren in den anderen Räumen wird noch geraume Zeit in Anspruch nehmen.

Die *Soko*-Chefin, graumeliertes Haar, aber immer noch sportlich und seit eh und je in brauner Raulederjacke über einem dunkelblauen Jeansoverall unterwegs, informiert gemeinsam mit Oberkommissar Jörg Bachmann zu Beginn der ersten Sitzung am vierundzwanzigsten März die Teammitglieder über den Stand der Ermittlungen.

Die KTU habe eine Blutlache auf dem Pflaster vor den Mülltonnen gesichert. Das Blut sei gemäß gerichtsmedizinischer Untersuchung eindeutig das der Toten; die DNA einer Haarsträhne in der Lache sei identisch. Die Leiche sei mit einer Kettensäge zerlegt worden. Vaginale und anale Pfählungsverletzungen sowie Stich- und Schnittverletzungen in Brust und Bauch verwiesen auf sexuelle Ersatzhandlungen und sadistische Fantasien der Tatperson. Die sei mit hoher Wahrscheinlichkeit männlich – sexuell motivierte Tötungsdelikte seien nahezu ausschließlich männlich.

„Und der Täter kommt zumeist aus dem direkten Privatumfeld des Opfers", ergänzt Lukas. „Muss übrigens kein Monster mit abnormer Triebstruktur sein."

Schmidt schiebt Castor per Blick ein Fleißkärtchen zu. Dann öffnet sie den Strauß naheliegender Fragen: „Wer war das Opfer

Corona Kraushaar? Wo ist der Kopf der Leiche? Warum fehlt der? Eine weibliche Holofernes? Warum zerstückelt der Täter die Leiche und verteilt Rumpf und Gliedmaßen auf die Biotonnen der Hausbewohner? Welche Botschaft steckt dahinter? Botschaft für wen? Gibt es überhaupt eine Stewardess Armbruster? Warum zwei Wohnungen?"

„Das Schlafzimmer mit Doppelbett und die DNA der Haarproben lassen den Schluss zu, dass die Kraushaar mit einer Frau dort gewohnt hat, oder?", vermutet Oberkommissarin Wunderlich.

„Davon ist auszugehen, Beate", sagt ihre Chefin.

„Zwei Privatwohnungen als Tarnkappe für eine Internetklitsche. Bin gespannt auf deren Geschäftsmodell", grummelt Kommissar Castor.

„Krieg's raus, Lukas!", erteilt Schmidt ihm den Auftrag.

„Wenn ich es recht sehe", räsoniert Bachmann, „drängen sich im Moment drei Optionen auf: Mord oder Totschlag aus frauenfeindlichem Motiv, ökonomisch motivierte Straftat oder privates Tötungsmotiv aus dem Umfeld des Opfers."

Die Kollegen nicken.

„Oder die Kombi der Motive", denkt Bachmann laut nach.

„Sonderbar", grummelt Castor, „die Namen der Hausbewohner haben eine merkwürdige Gemeinsamkeit."

„Stimmt", wundert sich Beate, „die bezeichnen alle irgendwelche Körperteile. Zufall?"

„Krieg's raus, Beate!", ordnet Schmidt an. „Und kümmere dich um diese ominöse Stewardess. Jörg, du nimmst bitte die Tote und ihr Umfeld unter die Lupe! Ich werde mir die Mitbewohner vorköpfen, pardon knöpfen. Die müssen doch was mitbekommen haben!"

Kaum hat sie ausgesprochen, ertönt *Melissa*, der Klingelton des Diensthandys. Sie überfliegt die eingegangene SMS und schaut ihre Mitstreiter an.

„Das LKA beziehungsweise deren Cybersparte vermutet ebenso wie das BSI, also das Bundesamt für Sicherheit in der Informationstechnik, die Stadtgarten-Wohnungen Kraushaar und Armbruster seien eine Hacker-Bastion."

„Der die Kraushaar zerhackt hat, könnte also als Racheengel gehackter Opfer eingeflogen sein", kalauert Bachmann unverfroren, aber folgerichtig. „Würde zu dem ökonomischen Motiv passen. Und Kraushaars Hackertruppe hat sich fluchtartig vom Acker gemacht, nachdem man die Chefin weggepustet hat."

„Die wollten nicht auch noch zerstückelt in Biotonnen landen", greift Beate die Spekulation des Lebensgefährten Jörg auf. Ihre Nasenflügel kräuseln sich und sie fummelt wie immer, wenn sie aufgeregt ist, an der blondierten Haarsträhne herum.

„Dann müssen die Hacker aber ein Riesenrad gedreht haben", grübelt Castor und erntet zustimmendes Nicken der beiden Kollegen.

Die Chefin allerdings rät zur Vorsicht – zu Recht, wie es sich erweisen wird, wenngleich erst Wochen später, immerhin nicht zu spät. „Vorschnelle Festlegungen auf ein Tatmotiv und daraus abgeleitete Spekulationen zum Tathergang und dessen Kontext können in die Irre führen. Selbst wenn wir mit unsrer Spekulation richtig liegen sollten, erklärt das nicht die bestialische Zerstückelung der Leiche und schon gar nicht, warum man sie womöglich absichtsvoll auf diverse Biotonnen der Hausbewohner verteilt hat, kopflos, leider."

„So als wollte man diese mit in Haftung nehmen, oder?", rätselt Wunderlich.

„Man? Mann oder Frau?", fragt Castor.

„Wie dem auch sei, wir müssen mit den Leuten vom LKA zusammenarbeiten", fordert Schmidt. Ihre Augen machen die Runde, „ob wir es wollen oder nicht. Wir haben nicht die nötige Expertise. Wir müssen wissen, wer gehackt wurde. Erst dann könnten wir faktenbasiert Tatmotive finden – hoffentlich. Und noch eins zur Erinnerung: Das LKA ‚vermutet', laut SMS, mehr nicht. Ich versuche, Näheres in Erfahrung zu bringen."

„Freue mich schon, mit pickelgesichtigen Nerds des LKA zu kooperieren", wirft Bachmann sarkastisch ein.

„Von denen kannst auch du noch was lernen", kommentiert Lukas süffisant und schnipst mit den Fingern.

„Die sind technische Hilfsarbeiter, mehr nicht", beruhigt Schmidt.

„Dein Wort in *Googles* Ohr", glaubt Castor, wie immer bei zeitgeistigen Themen, das letzte Wort haben zu müssen.

„Letzten Endes wird dennoch klassische Ermittlungsarbeit Tat, Täter und Tatmotiv aufklären, Lukas", fährt ihm Wunderlich in die Parade.

„So wird's sein", schnauft Freund Jörg und verpasst Castor einen Klaps an den Hinterkopf. „Und in dieser Disziplin hat Kommissar Schlaumeier noch einiges zu lernen."

Kapitel 7
Besuch bei der *HZ*-Redaktionsleiterin

Für den folgenden Nachmittag hat Corinna sich bei Verena Preiss eingeladen. Mit der Leiterin der *HZ*-Außenstelle Simmern ist sie seit einiger Zeit gut befreundet. Bei der Geburtstagsfete eines gemeinsamen Freundes hatten sie sich kennen- und schätzen gelernt. Auch beruflich hat die Beziehung für beide Vorteile.

Ein warmer Vorfrühlingsnachmittag. Maskenbefreit können sie auf dem Balkon Verenas bei Kaffee und Kuchen, den Corinna mitgebracht hat, schnacken.

„Um deinen Blick in den Stadtgarten beneide ich dich", seufzt Corinna.

„Genieße ich, besonders an Tagen wie diesen", pflichtet Verena ihr bei. „Aber auch der Blick aufs *Papageienhaus* ist nicht zu verachten, oder?"

Ihr Kopf wendet sich nach links und die Brauen gehen nach oben. Corinna ignoriert den Wink mit dem Zaunpfahl, zunächst. Sie fragt: „Wie läuft's mit dem Homeoffice?"

„Sagen wir trippeln. Ist ganz okay. Wäre da nicht …"

Weiter kommt sie nicht, denn ihr Jüngster stürzt herbei und mosert: „Hallo Corinna, Homeschooling ist echt scheiße!"

„Wie das, Jonathan?", zeigt sie sich überrascht, „bislang war Schule echt scheiße, wenn ich mich richtig erinnere."

„Na ja, morgens früh aufstehen war nicht so dolle. Aber dann hab ich meine Freunde getroffen und die fehlen mir jetzt."

„Aha, deshalb", kommentiert Corinna und greift zur Kaffeetasse.

„Auch ein Stück Kuchen, Jona?", fragt seine Mutter.

„Nö, lass mal. Ich hab schon 'n Kilo zugelegt. Sitze ja nur in der Bude, kein Fußball und so. Nur gelegentlich alleine im Innenhof bolzen und die Nachbarn nerven."

„Du nervst ohne Ende", mault Ann-Sophie, die das Preiss-Trio komplettiert. „Ich schon, wenn ich darf", sagt sie, schaut auf den Kuchen und lässt sich neben Mutter und deren Freundin in den Korbsessel fallen. Corinna schaufelt ihr freudestrahlend ein Stück vom selbstgebackenen Käsekuchen auf den Teller.

„Bei anderen ist der Hinweis auf ‚selbstgebacken' eine Drohung, bei dir eine Empfehlung", meint Verena augenzwinkernd.

„Ich will euch ja nicht bei der freiwilligen Gewichtszunahme stören", frotzelt Jonathan, „aber kann mir mal jemand erklären, wie der Ablativus absolutus funktioniert."

„Guck bei *Youtube* nach!", grantelt seine Schwester.

„Hab ich, kapier's aber nicht."

Ann-Sophie und Verena machen sich über den Käsekuchen her. Corinna indes fühlt sich bemüßigt, Auskunft zu geben. „Nehmen wir mal ein Beispiel, Jonathan. ‚Opere facto', sagt dir das was?"

„Keine Ahnung, hab ich mal gehört, glaub ich zumindest."

Sie steht auf und sagt: „Gehen wir mal nach nebenan."

Als sie Minuten später zurückkommt, den Mund-Nasen-Schutz abnimmt und sich nun auch dem Kuchenstück widmet, fragt Ann-Sophie: „Nach verrichteter Arbeit, oder?"

Corinna verdreht die Augen: „Deinem Bruder das erklären..."

„Vergiss es!", fährt die Schwester dazwischen und winkt ab.

„Ich wollte nie Lehrerin werden", stöhnt Verena, „und nun bin ich's wider Willen."

„Das merkt man, Mama", kommentiert die Tochter und gönnt sich ein zweites Stück Kuchen. „Was soll's", sagt sie, als sie den missbilligenden Blick der Mutter registriert. „Die nächste Zeit sieht mich draußen eh keiner mehr."

„Und wie ist's bei dir mit dem Lernen", fragt Corinna.

„Suche gerade ein Thema für 'ne Facharbeit, in Deutsch."

„Irgendein Interessengebiet?"

„Goethe und so."

Corinnas Kuchengäbelchen bleibt auf halbem Weg zum Mund in der Luft stehen. „Da habe ich was."

Mutter wie Tochter schauen sie mit offenem Mund an.

„Corona ..., Corona Schröter", verkündet Corinna augenzwinkernd.

Tochter und Mutter zucken mit den Achseln.

„Eine Geliebte des werten Johann Wolfgang Goethe. Das ‚von' hatte er noch nicht. Hör dir übermorgen um zehn Uhr das *SWR-2*-Feature zum Thema an, Ann-Sophie. Danach können wir uns darüber unterhalten, wenn du möchtest", erklärt Corinna und ärgert sich insgeheim nicht zum ersten Mal, ihren Traumberuf seinerzeit in den Wind geschlagen zu haben.

„Du bist ein Schatz", sagen Mutter und Tochter im Gleichklang und prusten los. Da meldet sich Ann-Sophies Handy. Sie huscht hinaus, mit einem Lächeln auf den Lippen.

„Till, ihr Freund, vermute ich", meint Verena, „wenigstens Digitalkontakt, besser als nichts. Corona macht mürbe, sage ich dir, manchmal fällt mir die Decke auf den Kopf. Dabei geht's uns noch recht gut, keine beruflichen, keine finanziellen Sorgen, der Vater der Kinder ist wenigstens in dieser Hinsicht verlässlich, und jedes hat sein eigenes Zimmer, wir können uns also aus dem Weg gehen, doch wir leben nur von der Hand in den Mund im Heute, Angstfantasien vermischen sich mit der Wirklichkeit, manchmal weiß ich nicht mehr, ob ich mir etwas nur einbilde oder ob es wahr ist, der tägliche Blick auf die Homepage des Gesundheitsamtes im Rhein-Hunsrück-Kreis droht zum Fetisch zu werden, kein Licht am Ende des Tunnels, hoffentlich wird das nicht noch wochenlang so weitergehen."

Wie ein Wasserfall sprudeln Wörter und Sätze, die sie sich die vergangenen Tage wohl selber immer wieder erzählt hat, aus ihrem Mund. Corinna fällt auf, dass die Lippen nicht rot angestrichen sind wie sonst immer. Verena nestelt sich eine *Eve* aus dem Zigarettenetui, zündet sie mit zittrigen Fingern an und nimmt einen tiefen Zug.

„Kann es immer noch nicht lassen", gesteht sie und hüstelt in die Armbeuge.

In die nachdenkliche Pause hinein greift Corinna das Wort auf, das seit Beginn der Unterhaltung unausgesprochen im Raum steht: „*Papageienhaus*."

Verena ist sofort ganz Ohr. Nach einem erneuten Zug sagt sie: „Schlimm, was da passiert ist?" Sie drückt die *Eve* im Aschenbecher aus und wischt das Rauchwölkchen über die Balkonbalustrade.

„So ist es", sagt Corinna. Trotz der mitschwingenden Aufklärungsbitte schiebt sie eine Frage hinterher: „Kanntest du die Leute dort, persönlich meine ich?"

„Corona, was für ein Vorname, fällt mir gerade ein, also die Frau Kraushaar habe ich vor Monaten mal zu ihrem Geschäftsmodell interviewt", antwortet Verena Preiss, ohne eingeschnappt zu sein. „Taffe, sympathische Frau, die weiß, was sie will."

„Wusste, Verena, wusste", erklärt Corinna und teilt der Freundin in groben Zügen die bislang bekannten Fakten mit, nicht mehr, aber auch nicht weniger. Ermittlungshypothesen verkneift sie sich.

„Hammerhart", kommentiert Verena und zündet sich fahrig eine weitere *Eve* an.

„Übrigens danke, dass ihr bislang in eurer Berichterstattung zurückhaltend gewesen seid."

„Darf ich das so interpretieren, dass wir nun etwas offensiver sein sollen?", fragt die Reporterin Preiss lauernd.

„Sagen wir's mal so. Bislang steht nur fest, dass Frau Kraushaars Leiche verstümmelt und auf Mülltonnen verteilt wurde. Sollte die Obduktion ergeben, dass sie eines nicht natürlichen Todes verstorben ist, stellen sich zumindest zwei Fragen."

Dass Kraushaars Kopf fehlt, behält Schmidt für sich.

„Hat die Tatperson die Leiche verstümmelt? Was treibt jemanden zu solch einer bestialischen Tat?", räsoniert Preiss.

„Vielleicht könntet ihr eine Nebelkerze zünden."

„Heißt?"

„Die Polizei scheint, anders als zu erwarten wäre, nicht von einer Tatperson im unmittelbaren Umfeld der Toten auszugehen."

Ohne es bereits wissen zu können, wird Hauptkommissarin Schmidt mit dieser Nebelkerzen-These schlussendlich nicht ganz daneben liegen.

„Aha. Heißt im Umkehrschluss: Ihr geht zur Zeit eben davon aus, nicht wahr?"

„Erfahrung mahnt zur Vorsicht, Verena. In der Frühphase der Ermittlungen müssen wir diese abolut rational steuern, müssen uns an hieb- und stichfeste Fakten halten und nicht irgendwelchen Eingebungen oder Spekulationen folgen."

„Mitten in der Analyse eines Verbrechens, vermute ich", mutmaßt Ann-Sophie, die hinzutritt, ein Lächeln auf dem Gesicht.

„Du könntest es mal mit Anklopfen probieren", grummelt ihre Mutter.

„Wann läuft übrigens eure Spätzünder-Kolumne aus?", fragt Corinna.

„Bald, zwei Beerdigungen fehlen Gondorf noch, dann hat er seine dreihunderter Zielmarke erreicht."

Kapitel 8
Soko Torso II: LKA-Auftritt

„Liebe Kollegen", eröffnet Hauptkommissarin Corinna Schmidt die zweite Teamsitzung der *Soko Torso*, am sechsundzwanzigsten März, neun Uhr dreißig. „Frau Schlösser vom LKA wird über Hintergründe unseres aktuellen Falls informieren. Bitte, Frau Kriminaloberrätin!"

Beate Wunderlich, die ihre Chefin seit Jahren kennt, hat noch nie eine derartige Anspannung in deren Gesicht und Körper wahrgenommen.

Jörg Bachmann, der soeben verspätet hereinschneit, hält Maulaffen feil, als er Schlössers ansichtig wird – was seiner Lebensgefährtin nicht entgeht. Anscheinend unbeeindruckt wartet die LKA-Beamtin, bis er sich gefasst und neben Beate Platz genommen hat. Darf er, sie leben schließlich zusammen.

„In gebotener Kürze, meine Damen und Herrn. Eine osteuropäische Hackergruppe namens *Zamoticon* hat die Behördencomputer des Gerichts attackiert, das gerade die Anklage gegen einen prominenten Cyberkriminellen vorbereitet. Den hatten wir Gott sei Dank festnehmen können. Mittels einer eingeschleusten Schadsoftware wurden Datenbestände der Staatsanwälte verschlüsselt, also deren Anklagestrategie, -taktik, -argumente und Quellen sowie detaillierte Verfahrensinformationen. Falls der Betrag x nicht binnen der terminierten Zeitspanne bezahlt werde – und zwar in Bitcoins –, werde man die Daten der Verteidigung andienen. Die Drohung war unzweifelhaft ernst zu nehmen."

„Auf diesen Erpressungsdeal ist man doch nicht eingegangen!", empört sich Wunderlich.

Die LKA-Beamtin, Beates Freund aus den Augenwinkeln beobachtend, räuspert sich und kontert spöttisch-kalt: „Die Staatsräson hat keine andere Entscheidung zugelassen, meine Liebe. Wir brauchen eine 1-A-Verurteilung mit Abschreckungspotenzial. Nicht nur die Medien gieren danach!"

„Was hat das bitte mit unserem Fall zu tun?", rätselt Wunderlich, den sarkastischen Unterton ignorierend.

Die drahtige Endfünfzigerin mit borstigem Kurzhaarschnitt hat ein schräges Grinsen auf dem gelifteten Gesicht. Die aufdringlich rot angestrichenen Lippen über den Rand der Kaffeetasse gestülpt, sucht sie Blickkontakt mit der *Soko*-Chefin. Ihre Pupillen zucken hin und her. Mit einer Antwort lässt sie sich Zeit.

„Kraushaars Hackertruppe namens *Iron Lung* ist eigentlich auf der Plattform *Hacker One* unterwegs. Doch sie ist in den Besitz des Datensatzes gekommen. Ob zufällig oder mit Hilfe eines Maulwurfs, das wissen wir nicht, noch nicht. Jedenfalls konnte sie die Daten entschlüsseln. Diese haben sie flugs den Verteidigern des cyberkriminellen Gangsters gegen großes Geld angeboten. Die schlugen sogleich zu. Das kopflose Ergebnis kennen wir", sagt sie und schaut in verdutzte Gesichter.

„Verstehe ich nicht, Laura", tönt Jörg.

„Du warst schon mal besser", entgegnet Schlösser süffisant und Wunderlich beginnt, ihre blondierte Haarsträhne zu zwirbeln.

„Du suggerierst uns also zwei potenzielle Tatmotive und zwei potenziell tatverdächtige Gruppen", knurrt ihr Freund lauernd.

„Das hast du gesagt", stellt Schlösser trocken fest.

„Plausibel", schaltet sich Castor ein, „erklärt aber nicht den bestialischen Tathergang."

„So wenig Fantasie, Herr Kommissar?", kommt es der LKA-Beamtin spöttisch über die Lippen.

„Sie heben auf den Unterschied zwischen Auftraggeber und Ausführendem ab?"

„Eine Möglichkeit, Herr Castor, eine."

„Ein Auftragskiller würde so nicht agieren", wirft Wunderlich ein, „der würde die Tote wohl kaum filetieren und auf die Biotonnen der Mitbewohner verteilen, oder?"

„Das macht nur jemand, der in einer wie auch immer gearteten persönlichen Beziehung zu der Getöteten steht – und zu ihrem Umfeld", ergänzt Bachmann.

„Dann käme auch eine privat motivierte Tat infrage ..."

„... die", wird Lukas von Corinna unterbrochen, „anderen in die Karten gespielt haben könnte."

„Euer Ding, Jörg", fährt Schlösser ihm barsch in die Parade. „Wir vom LKA interessieren uns für die Strippenzieher und nur für die."

Sie greift nach ihrem Trenchcoat und ordnet in Richtung der *Soko*-Chefin an: „Ich erwarte zeitnahe Information, Koordination und Abstimmung, Kollegin Schmidt." Bei diesen zackig hingeworfenen Worten streift ihr Blick Jörg Bachmann, was auch Beate nicht entgeht.

Die Eiseskälte der Kriminaloberrätin lässt sie frösteln.

Kaum hat die kaltschnäuzige Dame den Raum verlassen, kündigt *Melissa* eine SMS an. Corinna überfliegt die Nachricht und liest sie ihrem Team vor: „*Toter in Felsenschlucht nahe Simmertal aufgefunden. Vermutlich ein osteuropäischer Agent in Diensten von* Zamoticon. *Die Video-Aufnahme eines Internet-Cafés in einem Nahe-Städtchen, das dem LKA zugespielt wurde, könnte ihm zum Verhängnis geworden sein.*"

„Der Maulwurf?", spekuliert Beate.

Corinna zuckt mit den Achseln und fragt in die Runde hinein: „*Hacker One?*"

„Das sind weltweit agierende Computerfreaks, die, oft in offiziellem Auftrag, Unternehmen und Behörden attackieren, Die sind auf Schwachstellen aus", weiß Lukas mit hochrotem Kopf zu berichten.

„Hacker werden also für ihre Angriffe bezahlt?", wundert sich Corinna.

„Die Investition lohnt sich allemal für die Kunden", erklärt Lukas und schaut in fragende Gesichter. Fraglos genießt er seine Poleposition in digitalen Dingen. „Wenn man Software programmiert, entstehen zwangsläufig Lücken. Die ziehen Cyberkriminelle weltweit an wie der Honig die Wespen. Mich wundert allerdings, dass Kriminelle auf der *Hacker-One*-Plattform ihr Unwesen treiben", grübelt er, kratzt sich am Hinterkopf und klappt den Laptop auf.

Beate legt sich eine Haarsträhne hinters Ohr und skandiert: „Zeitnahe Information, mein Lieber!"

Jörg winkt ab und grummelt: „Schnee von gestern, meine Liebe."

„Heißt?"

„Da kannten wir uns noch gar nicht."

„Scheint Nachdruck hinterlassen zu haben."

„Wer bei wem?"

„Tu nicht so!"

Corinna unterbricht das Gezänk mit einem Räuspern, in das Lukas erstaunt hineingrätscht: „*Iron Lung* steht auf Platz dreizehn!"

„Heißt ...?", fragt Corinna.

„Ihr müsst euch das wie ein Sportranking vorstellen. Es gibt eine Rangliste der Top-Hacker. Die haben für erfolgreiche Hacks Punkte gesammelt. Nur die effektivsten fünftausend müssen Namen, Adresse und IP-Adresse auf der Plattform hinterlegen. *Iron Lung* ist also prominent im Geschäft."

„Schon wieder ein Körperteil", wundert sich Beate, „Eines, das man nicht sieht", bemerkt Jörg.

„Erstaunlich, dass eine Frau an der Spitze steht", grummelt Lukas.

„Inwiefern?"

„Die meisten Aktiven auf *Hacker One* sind männliche Nerds unter fünfundzwanzig, Beate."

„Hilft's uns weiter, wenn wir das wissen?", fragt *Soko*-Chefin Schmidt.

Eine Antwort scheint sie nicht zu erwarten.

Müde wirkt sie, unendlich müde, geht es Jörg durch den Kopf. Das autoritäre Gehabe seiner früheren Ausbilderin hat Corinna wohl mitgenommen. Ich muss Laura fragen, was sie geritten hat. Karrieregeil war die Schlösser schon auf der Polizeischule, ichbezogen und besitzergreifend. Den One-Night-Stand hat er in unguter Erinnerung. Diese Frau geht über Leichen, ahnt er.

Kapitel 9
Hopperhafte Begegnung

In den Bäumen und Hecken zwitschern Vögel. Denen ist's gleichgültig, was in der Welt passiert. Covid-19, diesen Science-Fiction-Namen, kennen sie ebenso wenig wie Kontaktvermeidung. Man könnte neidisch werden.

Wenigstens etwas, worauf man sich verlassen kann, grummelt es in ihrem Dickschädel – wenigstens eine Konstante in unserer Zeit, in der Gewissheiten im Coronaklima verdampfen. Wer hätte das gedacht!

Den Punkt ersetzt ein Frage- oder Ausrufezeichen. Die Hilflosigkeit der Kommata. Angst vor dem Gedankenstrich? Was fatal wäre, insbesondere heute. Corinna schüttelt sich.

Der Ferrari prescht heran, stoppt und selbigen Moments kackt eine Elster auf die Frontscheibe des gelben Flitzers.

Sie steigt aus, scheint es nicht bemerkt zu haben. Zielstrebig stolziert sie auf die menschenleere Terrasse der noblen Villa zu. Eine Szene, die Edward Hopper gemalt haben könnte, denkt Corinna Schmidt, als sie unvermittelt den Schatten der knorrigen Eiche verlässt. Ihre tiefbraunen Augen über dem schwarzen Mundschutz fixieren die Ferrari-Pilotin. Die lebt nicht von der Hand in den Mund, wundert sie sich.

„Frau Miriam Armbruster?", fragt sie und erntet ein mokantes „Wer will das wissen?"

Schmidt zückt den Dienstausweis und zeigt ihn mit gebührendem Abstand her: „Hauptkommissarin Schmidt."

„Und?"

„Müssen wir das hier draußen klären?"

„Infektionstechnisch betrachtet eigentlich schon. Egal. Folgen Sie mir ins Haus, Frau Hauptkommissarin!"

Der spöttische Unterton der Dame ohne Mundschutz mit den wüsten Locken ist abermals nicht zu überhören.

Wie von Geisterhand surrt die Eingangstür auf und lässt die beiden einander fremden Frauen eintreten.

„Fühlen Sie sich wie zu Hause", schnurrt Armbruster, während sie ihre Pumps abstreift und lässig zur Seite kickt. „Auch 'nen Drink?", fragt sie kühl und fährt sich mit der Hand durch die rotlockige Mähne.

„Gerne", antwortet Corinna. Aus den Tiefen ihrer verkapselten Erinnerung schält sich das Bild einer jungen Frau mit einem ähnlich makellosen Gesicht heraus: Fiona von Ardenne; die hatte coronaartig ihren Lebensgefährten Johannes Haller aus der Bahn geworfen.

Die Kommissarin ahnt, es könne sich lohnen, sich auf das Spiel einzulassen. Resolut schiebt sie den Mundschutz unters Kinn und fragt:

„Sie wirken recht aufgeräumt. Darf ich fragen, warum, Frau Armbruster?"

„Dürfen Sie, Frau Schmidt", sagt die Hausherrin und reicht den Drink. „Dürfen Sie. Wir haben einen dicken Fisch an Land gezogen. Damit hatten wir nicht gerechnet, zumindest nicht so schnell. – Wohl bekomm's!"

Bei diesen Worten stößt sie mit Corinna an, die auf dem Barhocker im Foyer Platz genommen hat, in gebührendem Abstand gegenüber der unfreiwilligen Gastgeberin.

„Wir?"

„Cora, äh, ich meine, Frau Kraushaar und ich, äh, wir alle."

„Sie meinen Frau Kraushaar und das Team, oder?"

„So ist es, Frau Hauptkommissarin", antwortet Armbruster, den ironischen Schlenker ignorierend. „Nicht zuletzt Doktor Goertz, unser Chefinformatiker. Corona hält große Stücke auf ihn. Dabei ist er erst seit ein paar Wochen an Bord."

„Sie auch?"

„Fachlich? Keine Ahnung. Hinsichtlich seiner Loyalität, da hab ich meine Zweifel. Cora sieht das anders."

„Zweifel? Inwiefern?"

„Spielertyp. Hab mich umgehört ... Zudem, anbrennen lässt er nichts. Zur Zeit baggert er 'ne Praktikantin bei uns an. Könnte seine Tochter sein."

Corinna schaut sich um und meint: „Tolles Haus."

„Geerbt, von 'ner unverheirateten Tante. Guter Rückzugsort", sagt sie, ohne sich vom abrupten Themenwechsel irritieren zu lassen.

Keine schlechte Schauspielerin, muss die erfahrene Fahnderin sich eingestehen. „Aha?"

„Leben Sie mit jemandem zusammen, Frau Schmidt?"

Die Frage bleibt für einen Moment im Schweigen hängen, das sich zwischen den zwei Frauen ausbreitet.

Corinna räuspert sich und weicht mit der Frage aus, die ihr auf der Zunge brennt: „Wann haben Sie Frau Kraushaar zum letzten Mal gesehen, Frau Armbruster?"

„Zum letzten Mal?"

Das kurze Runzeln der zart geschwungenen Brauen über den mandelförmigen Augen der Miriam Armbruster entgeht Corinna nicht.

„Sie wissen nicht, dass sie ...?"

„... tot ist?"

Corinna nickt und Miriam Armbrusters Cognacglas fällt zu Boden, wo es zersplittert.

Beim Hinausgehen fragt sich Hauptkommissarin Schmidt, ob sie gerade Zuschauerin in einem Schmierentheater war.

Warum hat die unterkühlte Armbruster diesen Doktor Goertz mir nichts, dir nichts aufs Tapet gebracht, fragt sie sich? Und was soll der Hinweis „Rückzugsort"?

Sie biegt in den angrenzenden Park ein und nimmt auf der erstbesten Bank Platz. Sie reißt sich den Mundschutz herunter und atmet tief ein und aus.

Kein Mensch ist zu sehen. – Wir Deutschen sind vernünftig, sind diszipliniert und – stinklangweilig.

Entschlossen ruft sie auf dem Smartphone ihre Ermunterungssongs auf. Von wegen Kontaktsperre.

Bei Billie Jo Spears schweifen die Gedanken mit den vorbeirauschenden Wolken, deren Formationen ständig wechseln, in die Ferne, zu ihrem Freund Johannes. *Just once more I wish you'll love me on a blanket on the ground.*

Vögel wetteifern singend im Geäst ...

Nahezu beschwingt macht Corinna sich auf den Weg.

Die Dämmerung kriecht schon heran.

Seltsamerweise taucht ihr vor geraumer Zeit verstorbener Großvater vor dem inneren Auge auf.

Ihn hatte sie innigst geliebt. „Opa, kann ich zwanzig Pfennig für ein Eis haben?" Mit einem Griff in die Kasse unter der Verkaufstheke des Textilladens und einem trockenen „Zehn reichen!" hatte er geantwortet. Warm wird ihr ums Herz.

Kontaktsperren ignorierende Lämmer grasen dicht an dicht auf einer Wiese am Hang.

Ein Martinshorn ertönt und lässt sie blöken. Wachhunde winseln und schlagen mit den Schwänzen.

Der Schäfer bläst aus der Pfeife Rauchwölkchen in die Luft und schaut ihnen hinterher.

Melissa holt die Hauptkommissarin zurück in die raue Gegenwart. Schmidt überfliegt die SMS und trommelt für den nächsten Morgen, siebenundzwanzigster März, acht Uhr dreißig, außerplanmäßig alle Teammitglieder zusammen.

Kapitel 10
Soko Torso III: überraschender Obduktionsbefund

„Ihr werdet nicht glauben, was die Obduktion der Leiche beziehungsweise des Torsos ergeben hat", fällt sie mit der Tür ins Haus. Sie lässt die Augen in der Runde kreisen. Aufmerksamkeit ist ihr gewiss.

„Corona Kraushaar ist verstorben. – Sie wurde nicht ermordet."

„Sondern?", tönt es ihr einmundig entgegen.

„Sie verstarb nach einem Schlaganfall bei einer ..., Moment, ich will nichts Falsches sagen", Schmidt schaut auf das Smartphone, „... bei einer SARS-CoV-2-Infektion. Die Infektion war also eine ‚auslösende Gelegenheitsursache', wie es die Mediziner nennen."

„Sie ist also nicht durch, sondern mit der Corona-Infektion verstorben, Corinna?", fragt Lukas nach.

„So ist es."

„Also post mortem zerstückelt. Wie irre ist das denn!"

„Du sagst es, Beate."

„Dann steckt hinter der Mülltonnenentsorgung ein ganz anderes Motiv", sinniert Bachmann.

„Zum Beispiel Rache mittels infizierter Leichenteile", spinnt Beate Jörgs Gedanken weiter. „Da bekommt die Suche nach dem vermissten Kopf eine pikante Note."

„Nicht auszuschließen", mutmaßt die *Soko*-Chefin. „Wir müssen uns darum kümmern, welches Beziehungschaos im Innenleben des Hauses herrscht."

„Ohne unsere bisherigen Spuren aus dem Blick zu verlieren, Jörg", kommentiert Schmidt. „Übrigens, Kriminaloberrätin Schlösser hat sich mal wieder in Erinnerung gebracht. Sie erwarte Ermittlungsergebnisse."

„Die Giftspritze nervt", nörgelt Lukas und erntet zustimmendes Nicken.

„Habt Ihr denn keine Angst?", sorgt sich Beate und zwirbelt ihre blondierte Strähne. „Ihr habt doch die Leichenteile, ich meine ..."

Corinnas Blick hin zu Jörg scheint zu fragen: Verdammt, müssen wir uns testen lassen?

„Quatsch, eine Corona-Leiche ist nicht ansteckender als andere. Die atmet und hustet nicht mehr. Zudem war's draußen."

„Nimm's nicht auf die leichte Schulter, Jörg", lässt Beate nicht locker. „Über den neuen Erreger weiß man noch zu wenig ..."

„Ach, damit ich's nicht vergesse", wischt Bachmann Bedenken vom Tisch, „ich habe mich nochmals auf dem Dachboden umgeschaut. Das habe ich gefunden."

Er zückt das zerknitterte Foto Corona Kraushaars und liest vor, was auf der Rückseite vermerkt ist. „Bild und Notiz in Kopie für euch."

„Exakt das Datum, an dem wir auf die Leichenteile gestoßen sind", wundert sich seine Chefin und schaut ihn aus zusammengekniffenen Augen an.

Er zuckt mit den Achseln.

„Fingerabdrücke?"

„Fehlanzeige. Aber der Schriftzug fällt auf. Scharfkantiger Linkshänder, wenn ihr mich fragt. Hab 'nen Graphologen beauftragt."

„Aha! Schön, dass ich davon erfahre, Oberkommissar Bachmann", raunzt die Chefin.

Beate schüttelt den Kopf, Jörg grinst und fährt sich mit der Rechten über die Glatze, Lukas rätselt: „Was will der oder die uns sagen? Vielleicht – ich weiß Bescheid? Bin schneller als ihr? Jedenfalls will uns jemand an der Nase herumführen, oder?"

„Als Täter, Privatermittler oder was?", denkt Wunderlich laut nach. Leider verhallt ihre Frage zur Zeit.

„Wie wirkt das Portraitfoto auf euch?", wirft Bachmann, statt auf seine Lebensgefährtin zu hören, eine andere Frage in die Runde und ergänzt: „Der Kopf könnte des Rätsels Lösung sein. Wir müssen ihn finden, schnellstmöglich."

„Schönes Gesicht, symmetrisch. Allerdings melancholische Augen und ... ein irgendwie leerer Blick, oder?"

„Sehe ich auch so, Beate", bekräftigt Corinna, um in die Aufbruchstimmung hinein zu sagen: „Fast hätte ich's vergessen ..."

Sie blickt in die Runde und fährt mit sehr fester Stimme fort: „Das Obduktionsergebnis bleibt top secret. Haben wir uns verstanden?"

Die Kollegen wechseln Blicke.

Kapitel 11
Verhör eines *Papageienhaus*-Bewohners

„War Ihr Vater oder Ihr Großvater Friseur, Doktor Bartschneider?", erkundigt sich Jörg Bachmann, nachdem man sich am Nachmittag desselben Tages im Verhörraum der Polizeiinspektion Simmern mit dem coronabedingten räumlichen Abstand am Tisch niedergelassen hat.

„Was soll das, Herr Kommissar?", fährt ihn der Zeuge an und sich durch's gegelte Schwarzhaar. „Ich frage Sie ja auch nicht, ob Ihre Vorfahren Forellenfischer in seichten Gewässern waren. In denen man übrigens durchaus ertrinken kann."

„Okay, der Punkt geht an Sie. Nun bitte ernsthaft."

„Darum möchte ich nachdrücklich bitten", wird er unterbrochen, „habe noch das eine oder andere zu erledigen."

„Wo waren Sie am zweiundzwanzigsten auf den dreiundzwanzigsten März?", fällt Kommissar Castor mit der Tür ins Haus.

Bartschneider zückt sein Smartphone, tippt einige Ziffern ein und räuspert sich.

„Bei meiner demenzkranken Mutter in Mainz."

„Zeugen?"

„Ich bitte Sie!"

„Also kein Alibi."

„Wofür?"

„Für den Zeitraum, in dem Corona Kraushaar zu Tode kam", übernimmt Bachmann.

„Merkwürdige Formulierung", scheint Bartschneider sich zu wundern.

„Wieso merkwürdig?", fragt der Kommissar.

„Vergessen Sie's! – Übrigens, im Mainzer Pflegeheim musste ich Anschrift und Telefonnummer hinterlassen, obendrein wurde die Zeit meines Besuchs vermerkt."

„Wie gehen übrigens Ihre Geschäfte gerade", wechselt Castor unvermittelt das Thema.

„Seit dem Shutdown etwas hüftsteif, step by step", bleibt Bartschneider ironisch im Bild, „Coronaflaute eben."

Abrupt setzt er seine Arroganzmaske auf und doziert: „Allerdings, heute ein interessanter Kasus. Warum erwähne ich ihn? – Da könnten sich unsere Klingen demnächst kreuzen, meine Herrn."

Er legt eine bedeutungsschwangere Pause ein, die beiden Kommissare jedoch behalten ihr Pokerface bei.

„Tomasz Furtok ..."

Keine Reaktion.

„Der Tote in der Felsenschlucht bei Simmertal?"

„Und Ihr Auftraggeber?"

„Geht Sie nichts an!"

Er lehnt sich zurück, verschränkt Arme und Beine und grinst.

„Uns ist zu Ohren gekommen, dass Sie, sagen wir mal, vergeblich um die Gunst von Frau Kraushaar gebuhlt haben."

„So, so, ist Ihnen zu Ohren gekommen", echot er mit einem leichten Zucken der Unterlippe. „Die Quasselstrippe Roßkopf, vermute ich."

„Geht Sie nichts an!", echot Castor.

„Leider hat der dauergelangweilten Schreckschraube noch keiner den Gefallen getan, vor ihrem Fenster tot umzufallen", legt Bartschneider unbeeindruckt nach.

Die beiden Kommissare sagen nichts.

„Na denn, dann kann ich ja gehen."

„Einen Augenblick noch, Doktor Bartschneider. Wann haben Sie denn Frau Kraushaar zuletzt gesehen?"

Beim Aufstehen fährt er sich übers Kinn, dann sagt er: „Letzten Samstag gegen vierzehn Uhr, kurz bevor ich zum Fitness-Studio fuhr. Um dort festzustellen, dass es coronabedingt bis auf Weiteres geschlossen wurde."

„Wo genau trafen Sie Ihre Mitbewohnerin?"

„Neben den Garagen, wo wir beide unsere geleerten Biotonnen versorgten."

Kapitel 12
Makabrer Verdacht

„Die Roßkopf hat den Typ richtig eingeschätzt", meint Castor, als Bartschneider den Raum verlassen hat, „ein aalglatter Fiesling, ein selbstverliebter Winkeladvokat."

„Nach der narzistischen Kränkung traue ich dem alles zu", raunt Bachmann, als Schmidt, die im Nebenzimmer die Zeugenbefragung auf einem Bildschirm verfolgt hat, eintritt.

„Sein Mundzucken hat ihn verraten", erklärt sie, „just als die Rede auf die Kraushaar kam."

Lukas nickt. „Keine Frage, bei ihm liegt der Schlüssel, den wir suchen. Warum hat er uns die Sache mit dem Toten auf dem Silbertablett serviert? Nur um abzulenken? Ein Bluff? Woher weiß er davon?"

„Wir müssen ihm eine Falle stellen", fordert Bachmann, „ihn bei seiner Eitelkeit packen."

„Wie stellst du dir das vor, Jörg?", fragt seine Chefin, die sich mit dem Rücken gegen die Tür gelehnt hat. Er zupft sich am Ohrring, streicht sich über die Glatze und sagt: „Beate könnte sich undercover bei ihm als Rechtspflegerin bewerben. Die kann das."

„Nicht ungefährlich. Der Typ ist eiskalt. Aber zu knacken. Als du dreist mit dem Friseur losgelegt hast, hat er zwar schlagfertig gekontert, aber seine Gestik war fahrig. – Ich klopfe bei deiner Freundin mal an."

„Noch was, Corinna. Bei dem Namen Tomasz Furtok hat irgendetwas in meinem Hinterstübchen geklingelt."

Schmidt setzt sich nun doch an den Tisch und stützt ihr Kinn ab. „Erinnere dich an den Mord im *Hunsrück-Hotel*, Jörg, die Escortdame."

Der schlägt sich mit der Hand gegen die Stirn.

Lukas ist derweil im Raum hin und her gegangen, hat den beiden Kollegen nicht zugehört. Abrupt bleibt er stehen und kommt mit einer völlig unerwarteten Forderung um die

Ecke. „Wir bräuchten einen Durchsuchungsbeschluss für die Bartschneiderwohnung."

„Was?" Schmidt schüttelt den Kopf und meint: „Vergiss es!"

„Bartschneiders Biotonne war leer."

Mit diesem Hinweis zeichnet er Fragezeichen in die Augen der Mitstreiter.

„Und?", grantelt Jörg.

„Kein Zufall."

„Lukas, du meinst allen Ernstes ..."

„Todsicheres Bauchgefühl, Corinna."

Mit dieser Formulierung hat er sich ungewollt im Team ein Logo aufgeklebt.

Kapitel 13
Soko Torso IV: Haftbefehl

Die vierte Sitzung der *Soko Torso*, am achtundzwanzigsten März acht Uhr fünfundvierzig, sollte es in sich haben.

„Die KTU hat eine erstaunliche Entdeckung gemacht."

Mit dieser Ankündigung ist der Chefin die Aufmerksamkeit des Teams gewiss. „Ein Fingerabdruck könnte unsere Ermittlungen pushen." Sie schaut in neugierige Gesichter, „Der Abgleich mit der Datenbank hat einen alten Bekannten aus dem Hut gezaubert ... Tomasz Furtok."

„Wow! Der wahrscheinliche Auftragsmörder im Mordfall Julia Bornstein vor ein paar Jahren im *Hunsrück-Hotel*. Dass der sich getraut hat, in Feindesland zurückzukehren!"

„Ist ihm nicht gut bekommen, Beate. Eine nahegelegene Felsenschlucht hatte er eher nicht als Endstation auf dem Lebensschirm", kommentiert Bachmann.

„Damit ich es recht verstehe", sagt Castor, „dieser Furtok, der ist euch damals durch die Lappen gegangen. Richtig?"

Die Kollegen nicken.

„Und ebendieser Tomasz Furtok war in der Internetklitsche Armbruster und Kraushaar. Warum auch immer."

„Schlaues Kerlchen, unser Lukas", frotzelt Jörg und gibt ihm damit unfreiwillig Gelegenheit, effektvoll die Katze aus dem Sack zu lassen, genauer gesagt, den Kopf.

„Euer schlaues Kerlchen hat noch mehr auf Lager", kündigt er an, zückt das Smartphone, tippt einige Ziffern ein und präsentiert den Kollegen ein Bild, dass ihnen der Atem stockt.

„Der Kopf der Kraushaar", stammelt Wunderlich.

„Woher hast du den ... äh ... das Foto?", stottert die *Soko*-Chefin.

„Das willst du nicht wirklich wissen, Corinna", weicht Lukas aus und scrollt weiter. Auf einem weiteren Bild sieht man eine geöffnete Tiefkühltruhe, in der, in Plastik gehüllt, ein menschlicher Kopf liegt.

„Die Undercover-Rolle bei Doktor Bartschneider bleibt dir erspart, Beate", erklärt er trocken.

„Das heißt, Fundort des Kraushaarkopfs ist die Tiefkühltruhe Bartschneiders?", fragt Schmidt kopfschüttelnd nach.

Lukas nickt und kratzt sich am Hinterkopf.

„Wo ist das Corpus Delicti zur Zeit?"

„In der Gerichtsmedizin, Chefin", gibt sich Lukas kleinlaut.

„Dir ist schon klar, dass du knietief im Schlamassel steckst", braust Corinna auf.

„Aber ..."

„Nichts aber. Fürs Erste bist du raus. – Dennoch, mit Hilfe von Oberstaatsanwältin Löwenbrück werde ich einen richterlichen Haftbefehl erwirken. Das dürfte schnell gehen.

Jörg, Beate, Ihr nehmt dann den Herrn Doktor in Gewahrsam. Ach, noch eins. Schlösser macht erneut Druck. Sie fragt, ob wir in der Firma der Kraushaar auf einen Mitarbeiter namens Doktor Goertz gestoßen seien."

„Goertz?", kommt es Bachmann über die Lippen. „Der Name sagt mir was. Ich erinnere mich im Moment nur nicht, wo ich den schon mal aufgeschnappt habe."

„So langsam habe ich den Eindruck, du solltest mal intensiver dein Gedächtnis durchstöbern ... und dabei die Schlösser nicht ausklammern", rät Schmidt.

Bachmanns Glatze überkriecht ein Kribbeln.

Kapitel 14
Entlastung des Verdächtigen?

Gerade soll mit der Befragung des Festgenommenen begonnen werden, da klopft es an die Tür des Verhörraums und Anwalt Kafra schneit herein, mit Gesichtsmaske natürlich, die er wie die Anwesenden ablegt. Schließlich hat man für Durchlüftung gesorgt und für die Einhaltung der Abstandsregeln.

„Anwalt betreut Anwalt, warum nicht", grummelt Bachmann.

„Ach, Herr Oberkommissar, wie wahr", lästert Kafra, gibt seinem Mandanten nicht die Hand und nimmt mit gebührendem Abstand neben ihm Platz. Bachmann und die Chefin verlassen pflichtgemäß für fünfzehn Minuten das Zimmer.

„Widerrechtliches Eindringen in die Privatwohnung Doktor Bartschneiders, das wird Konsquenzen haben, Frau Hauptkommissarin!", legt Kafra sogleich los, als man wieder zusammensitzt.

„Wir haben behördenintern bereits reagiert", entgegnet Schmidt, räuspert sich, um dann ihrerseits in den Angriffsmodus umzuschalten. „Fakt ist allerdings, dass in der Tiefkühltruhe von Doktor Bartschneider der in einer Plastiktüte eingepackte Kopf von Frau Kraushaar vorgefunden wurde."

„Behauptet wer?"

„Tut nichts zur Sache, Herr Kafra. Was sagt Ihr Mandant dazu?"

„Ist ihm unerklärlich. Aber er möchte trotz des unerhörten Vorfalls eine Erklärung abgeben. Bitte, Herr Doktor Bartschneider!"

Bartschneider, dessen gerötete Stirn sich in Falten legt, spitzt die Lippen, bis sich sein Schnurrbart sträubt. Er erklärt: „Ich bin zutiefst erschüttert, dass, sollte zutreffen, was man behauptet, in meiner Tiefkühltruhe das Haupt der geschätzten Mitbewohnerin gelegen haben sollte. Ich habe damit nichts, aber auch gar nichts zu tun. Sie haben mich anlässlich der Zeugenbefragung unlängst nach meinem Verhältnis zu Frau Kraushaar befragt, Frau Hauptkommissarin. Nun, es trifft tatsächlich zu, dass ich mich in sie verliebt habe. Leider war das bei ihr anders. Weshalb sollte ich einer Frau, der ich mich innerlich verbunden fühle, so etwas Schreckliches antun?"

Für einen Moment kehrt Stille ein.

Doktor Bartschneiders Rechte versucht mechanisch, den mittleren Knopf der Anzugsjacke zuzuknöpfen, was ihm nicht so recht gelingen will. Mit der Linken streicht er sich über die Krawatte. Seine freudlosen Augen blicken ins Nichts.

Da ergreift die *Soko*-Chefin das Wort. „Nehmen wir an, dass Sie tatsächlich unschuldig sind. Wie und warum kommt der abgetrennte Kopf der Toten in Ihre Tiefkühltruhe, Herr Doktor Bartschneider?"

„Das herauszufinden ist Ihre Aufgabe, Frau Hauptkommissarin", wirft Kafra ein.

„Wer hatte denn einen Schlüssel zu der Wohnung?", fragt Bachmann.

„Die Putzfrau, Bärbel Franke."

Doktor Bartschneider fährt sich durch das schüttere Haar und dann nachdenklich, mit einem Ausdruck der Verwirrtheit auf dem blassen Gesicht, fort: „Für den Fall der Fälle hatte ich tatsächlich Corona Kraushaar gebeten, einen Ersatzschlüssel aufzubewahren."

Mit den Knöcheln der Linken reibt er sich vorwärts und rückwärts über das linke Auge.

„Noch Fragen?" Kafra begleitet seine schroffe Frage mit hochgezogenen Brauen zu den Beamten hin, dann steht er abrupt auf, ordnet den Anzug und erklärt: „Für eine Untersuchungshaft sehe ich keinen Grund. Wir gehen."

Als die Tür ins Schloss fällt, schaut Jörg Corinna aus großen Augen an und schüttelt den Kopf.

„Ich glaube dem Bartschneider", anwortet sie. „Ich glaube ihm."

Kapitel 15
Zeugenbefragung der *Papageienhaus*-Bewohner

Alle Bewohner des *Papageienhauses* hat man zwecks Zeugenbefragung am Montag, den dreißigsten März um neun Uhr einbestellt.

In einem eigens vorbereiteten Raum mit Videoüberwachung warten sie, gemeinsam. Man wird sie einzeln, nacheinander aufrufen, allerdings erst um neun Uhr dreißig.

„Leute, die seit Jahr und Tag im selben Haus wohnen. Offensichtlich haben sie sich nichts zu sagen", wundert sich Wunderlich, die mit den Kollegen der *Soko Torso* am Bildschirm das Kammerspiel beobachtet. „Jeder mit seiner antrainierten Maske, aber keiner mit 'ner Gesichtsmaske. Sonderbar, oder?"

„Gar nicht, Beate. Die Mund-Nasenbedeckung schützt doch die anderen, einen selbst aber kaum", erklärt ihr Freund Jörg sarkastisch.

Der mickrige Finanzbeamte Erich Finger im abgetragenen grauen Anzug mit schiefer Fliege über dem faltigen Hals klammert sich an eine abgewetzte Aktentasche, die er wie zum Schutz auf dem Schoß hat, die Augen starr auf die Schuhe gerichtet, die unter zu kurzen Hosenbeinen unruhig auf und ab wippen.

„Können Sie das mal lassen!", herrscht ihn Doktor Stella Eitel-Rück an, die neben ihm sitzt. „Das macht einen ja ganz verrückt."

„Welchen Beruf übt deren Friseur wohl aus?"

Jörg Bachmanns Kalauer sorgt für Belustigung auf Kosten der vertrockneten Oberstudienrätin im giftgrünen Hosenanzug, deren Frontspoilerfrisur die grauen Spaghetti-Haare eingefangen hat.

Lena Roßkopf verdreht die Augen und verschränkt die Arme vor der Brust. „Tolle Hausgemeinschaft!", grantelt sie. Niemand reagiert.

Barkeeper Erik Faust, ein stämmiger Mittdreißiger ohne Hals, mit schwarzem Dreitagebart und Glatze, merkt man an, dass die Nacht lang war. Bereits nach wenigen Minuten sinkt er erschöpft auf die Platte des kleinen Tischs an der Seitenwand, wo er sich niedergelassen hat, und beginnt zu schnarchen.

Doktor Bartschneider, der in dem Warteraum hin und her tigert, klopft ihm auf die Schulter, dass er, Faust, aufschrickt und mit glasigen Augen ungläubig in die Runde starrt.

Miriam Armbruster straft Bartschneider mit einem scharfen Blick. Dann widmet sie sich wieder ihrem Smartphone, auf dem sie unentwegt herumdaddelt. Gegen neun Uhr zwanzig schaltet sie es aus, versorgt es in der krokodilledernen Handtasche, steht auf und stolziert hinaus.

Corinna weist Beate an, nachzuschauen. Wenige Minuten später ist sie zurück, gerade als die Armbruster wieder den Aufenthaltsraum betritt.

„Sie hat auf der Toilette jemanden angerufen. Konnte leider kaum etwas verstehen. Nur das Wort ‚aufgeflogen' habe ich aufgeschnappt."

„Jörg, lass bitte überprüfen, wen sie kontaktiert hat", ordnet Schmidt an.

„Das kann dauern, falls es überhaupt klappt", grübelt er.

„Egal. Die KTU soll's angehen."

Kaum hat sie ausgesprochen, geschieht etwas Merkwürdiges im Wartesaal. Karl Rudolph Bartschneider geht auf Miriam Armbruster zu, kniet vor ihr nieder, bettet seinen Kopf auf deren Schoß, was sie geschehen lässt, und beginnt hemmungslos zu weinen.

Wie angewidert beziehungsweise peinlich berührt wenden sich die anderen von den beiden ab. Finger lässt die Finger knacksen. Faust indes bekommt nichts mit, sein Kopf ist auf die Brust gesunken.

„Herr Finger, folgen Sie mir!", ordnet Bachmann an. Miriam Armbruster schaut abrupt auf, um den Blickkontakt mit Erich Finger zu suchen und ihm zuzunicken, bevor der entschwindet. Dann daddelt sie weiter. Befehlsgewohnt trottet Finanzoberinspektor Finger hinter dem Fahnder her und nimmt ordnungsgemäß auf dem Stuhl vor dem Schreibtisch des Oberkommissars Platz. Stocksteif sitzt er ihm gegenüber, auf der Kante, die Hände unter die dürren Oberschenkel geschoben. Die Farbe des Gesichts, das einem verschrumpelten Apfel gleicht, ganz aus Falten und Runzeln, passt sich der seiner hervorquellenden Augen an, auf denen sich geplatzte Äderchen abzeichnen. Nur die schlaff hängenden Ohrläppchen und die breiten Flügel der Hakennase, darüber eine fliehende Stirn, tragen etwas Rot.

„Herr Finger, Sie sind also der Besitzer des von einer Mieterin Geisterhaus genannten Wohnkomplexes?"

„Habe ich lange für angespart. Die beiden Dachgeschosswohnungen habe ich letztes Jahr allerdings an Frau Kraushaar verkauft."

„Geldnot?"

„Nein, nein. Bei dem Angebot, das sie mir gemacht hat, konnte ich nicht nein sagen."

„Wie das?"

„Keine Ahnung. Die Dame scheint in Geld zu schwimmen."

„Viel Geld für ein Geisterhaus?"

„Die Roßkopf?"

Bachmann ignoriert die Vermutung. „Ich frage mich, warum in dem Haus nur Leute wohnen, deren Name ein Körperteil benennt. Zufall?"

Finger setzt ein schiefes Grinsen auf. „Ein Auswahlkriterium muss man ja haben, kein primär pekuniäres. Mit Zahlen schlage ich mich tagtäglich herum. – Aber es ist kein gutes Kriterium."

„Aha?"

„Finanziell schon, damit Sie mich nicht missverstehen. Aber was das Atmosphärische anbelangt, da habe ich mich entgegen meiner Vermutung in die Finger geschnitten."

Bachmann schmunzelt kurz, dann legt er scharf nach: „Herr Finger, was wissen Sie?"

„Ich weiß nicht, was Sie meinen", stammelt der und nestelt an seiner Fliege herum.

„Herr Finger, ich bitte Sie! Die Mitbewohnerin Corona Kraushaar ist tot, ihre Leiche liegt zerstückelt in den Biotonnen, die Ihrige beherbergt einen Arm der Leiche … und Sie mimen den Ahnungslosen. Geht's noch!"

Finger fährt sich mit der Rechten über den weitgehend kahlen Kopf, den ein schmaler Kranz ergrauter Haare umrandet. Die Pupillen verengen sich.

„Ich habe nichts gesehen, nichts gehört, ist mir auch egal. Ich mache meine Arbeit, alles andere interessiert mich nicht die Bohne, Herr Oberkommissar. Auch Corona kann mir gestohlen bleiben." Seine schwerlidrigen Schweinsaugen flackern.

„So stellt man sich einen typischen deutschen Beamten vor, Herr Finger!", fährt ihn Bachmann an.

Sein Gegenüber schrumpft auf Kleinfingerformat zusammen. „Eines habe ich mitbekommen", kommt es ihm kläglich über die vorgestülpten Lippen. „Am letzten Montag hat es frühmorgens ganz laut gescheppert. Im ersten Moment hab ich gedacht, da treibt ein Waschbär sein Unwesen. Ich bin aus dem Bett gesprungen, hab das Fenster aufgerissen und da hab ich gesehen, wie eine kapuzenbedeckte Person hinter den Mülltonnen weggesprungen ist."

„Wann genau war das? Mann oder Frau?"

„Ich tippe mal auf Frau, so wie die sich bewegt hat. Und es war ziemlich genau um fünf Uhr. Die Glocke der Stephanskirche, wissen Sie, Herr Oberkommissar."

Bachmann stöhnt und verabschiedet den deutschen Michel.

Während der Befragung des Zeugen Finger hat sich die Situation im Warteraum scheinbar beruhigt. Doktor Bartschneider sitzt in sich versunken neben Armbruster und knabbert an seinen Fingernägeln. Sie rückt von ihm ab und daddelt wieder auf ihrem

Smartphone herum. Nebenbei trägt sie mit dem Lippenstift dick auf. Faust schnarcht weiter.

Doktor Eitel-Rück wird als nächstes zur Zeugenbefragung geführt.

„Frau Doktor Eitel-Rück, eine Frage vorweg. Hießen Sie früher, also bevor Ihr Gatte Ihnen eine Jüngere vorgezogen hat, Eitel oder Rück?", provoziert Bachmann.

Der Frontspoiler beginnt zu zittern, ebenso die rot angestrichenen wulstigen Lippen der Dame. „Doktor Eitel", zischt sie.

„Nun, Frau Eitel-Rück", legt der Kommissar nach, „wie bewerten Sie den Tatbestand, dass in Ihrer Biotonne B ein abgetrennter Arm der verschiedenen Mitbewohnerin Kraushaar lag?"

Eitel-Rück ruckelt es sich auf dem quietschenden Drehstuhl zurecht und meint: „Zufall? Oder glauben Sie, dahinter versteckt sich eine Botschaft?"

„Was ich glaube, Frau Eitel-Rück, spielt keine Rolle. Welche Botschaft haben Sie vernommen?"

„Keine, ich meinte ja nur", stammelt sie, „aber …"

„Aber?"

„Das ist doch kein Zufall, dass die Körperteile der verstorbenen Kraushaar auf die unterschiedlichen Mülltonnen verteilt wurden, oder?"

„Woher wissen Sie das?", fragt Bachmann und zieht die Brauen hoch. „Und warum sagen Sie ‚verstorben' und nicht ‚getötet'?"

„Das haben Sie doch gesagt, Herr Kommissar", sagt sie.

„Nein, nein, ich wähle meine Worte mit Bedacht. Das darf ich von einer Studienrätin doch wohl auch erwarten, oder? Ich sagte ‚verschieden'."

„Oberstudienrätin, Herr Oberkommissar."

„Geschenkt! Ich höre …"

„Dann ist die Kraushaar eben verschieden", mokiert sich die promovierte Oberstudienrätin.

„Ihr Mitleid hält sich in Grenzen."

„Tut das was zur Sache?"

„In summa mittlerweile schon."

Eitel-Rücks flüchtiges Kinn zittert, die Gesichtsmuskeln arbeiten.

„Sie kennen Sartres zynische Einschätzung: *Die Hölle, das sind die anderen*?"

„*Geschlossene Gesellschaft*, habe ich mit meinen Oberstufenschülern gelesen."

„Also?"

Sie zuckt mit den Achseln.

„Wer ist in Ihrem merkwürdigen Haus der Chef der Hölle, der Teufel?"

„Nehmen Sie sich mal die Armbruster vor!", platzt es aus ihr heraus. Dabei wiegt der welke Körper unter nervösem Schulterzucken hin und her.

„Frau Armbruster, Sie arbeiten als Stewardess bei der Lufthansa?"

Die gertenschlanke Rotgelockte schlägt ihre wohlgeformten Beine übereinander und antwortet mit leicht rauchiger Stimme: „Zur Zeit coronabedingt außer Gefecht. Gibt mir Zeit für anderes."

„Aha?"

„Lesen und nachdenken und schreiben."

Makellos die Halbmonde der Fingernägel, registriert Bachmann und fragt lauernd: „Der Name Tomasz Furtok, sagt Ihnen der etwas?"

„Schon mal gehört. Ich glaube, Cora hat ihn mal erwähnt. Keine Ahnung, wann, wo und wie."

„Gesehen oder getroffen haben Sie den Mann nicht?"

„So ist es, Herr Kommissar."

„Wissen Sie, was mich, was uns verwundert?"

Mit einer lässigen Handbewegung fordert sie Bachmann auf, die Frage selbst zu beantworten.

„Kein Mitbewohner im Haus scheint Corona Kraushaar auch nur im Entferntesten nachzutrauern. Gerade bei Ihnen, Frau Armbruster, erstaunt uns das besonders, waren sie doch …"

„Ein Paar? Schlechter Witz, Herr Kommissar!", bricht sie in schallendes Gelächter aus.

Bachmann zupft am Ohrring und fährt sich mit den Fingerkuppen über die Stoppeln des Dreitagebarts. „Das müssen Sie mir erklären."

„Müssen? Ich bitte Sie! Aber gut. Cora und ich, wir waren eine Interessengemeinschaft. Gelegentlich miteinander Sex. Nun hat sie sich, ohne ein Sterbenswörtchen zu sagen, auf und davon gemacht."

„Und Ihr grausamer Abschied ..."

„... lässt sich nicht mehr ändern", fährt Armbruster erneut dazwischen.

Bachmann holt tief Luft und fragt stirnrunzelnd: „Irgendein Verdacht, wer so bestialisch gehandelt haben könnte?"

„Nein, in meinem Umfeld gibt es keine Verrückten."

„So, so. Wen haben Sie übrigens von der Toilette aus angerufen?"

„*Big-Brother*-Spiel in der Polizeiinspektion also", entgegnet sie schnippisch. „Ich spiel da nicht mit."

Der Kommissar klappt seine Kladde zu, schiebt aber, als die Zeugin aufstehen will, noch eine Frage hinterher.

„In welchem Verhältnis stehen Sie oder stand Frau Kraushaar zu Doktor Bartschneider?"

Sie fährt sich grinsend durchs Haar, doch das Grinsen zieht sich sogleich hinter zusammengekniffene Lippen zurück.

„In Cora war er verknallt. Grotesk! Bei mir hat er versucht, sich auszuheulen, als sie ihn schroff abgewiesen hat. Ein Heulpeter, der sich hinter der Anwaltsmaske und rüden Manieren versteckt."

„Warum grotesk?"

„Treffen zwei Automaten aufeinander ..."

„Muss ich das verstehen?"

„Sollten Sie, Herr Kommissar."

Der müde Barkeeper, Frau Roßkopf und Doktor Bartschneider, was für ein schräges Trio, das bis zum Schluss im Wartezimmer ausharren muss.

Erik Faust wird erneut jäh aus dem Schlaf gerissen und trottet hinter Kommissar Bachmann her zur Zeugenbefragung. Zeuge wofür? Lauthals gähnend sinkt er auf den unbequemen Drehstuhl. „Arbeiten Sie mal die Nacht durch, obendrein mit Gesichtsmaske", entschuldigt er sich und reibt sich über die kurze, breitflügelige Nase.

„Herr Faust, Sie kommen zumeist frühmorgens von der Arbeit zurück. Ist Ihnen in der Nacht nach dem letzten Sonntag irgendetwas Ungewöhnliches aufgefallen? Jede Kleinigkeit kann wichtig sein. Versuchen Sie, sich genau zu erinnern, auch wenn es schwerfällt."

Schläfrige Augen blicken den Kommissar an. Urplötzlich hellen sie sich auf, ein klein wenig. „Die Armbruster habe ich frühmorgens am Hauseingang getroffen. Was mich, Entschuldigung", er kann den erneuten Gähnanfall nicht verhindern, „was mich gewundert hat."

„Inwiefern?"

„Um fünf Uhr in der Früh. Würde Sie das nicht verwundern?"

„Hat sie was gesagt?"

„Schlecht geschlafen, frische Luft, so was in der Art."

„War sie irgendwie anders als sonst?"

„So genau kenn ich die Frau nicht. Sie ist mir auch nicht besonders sympathisch, ehrlich gesagt."

„Wie das?"

„Wie die Kraushaar, Gott hab sie selig, guckt die auf Leute wie mich von oben herab. Dort wohnen sie ja auch, im *Papageienhaus*, meine ich."

„Sie sind der Einzige, der das Wort *Papageienhaus* in den Mund nimmt."

„Aus Gründen, Herr Kommissar, aus Gründen."

Bachmann hebt die Brauen.

„Hundertwasser-Fassade und Geplapper. Originalität? Fehlanzeige."

Bachmann kratzt sich am Hinterkopf.

„Waren die beiden ein lesbisches Paar?", fragt er.

„Denke schon. Aber in letzter Zeit hat's mächtig geknirscht. Das hysterische Geschrei der Armbruster hat mir frühmorgens mehrfach den Schlaf geraubt. Die hat weitergewütet, auch wenn ich gegen die Decke geklopft hab."

„Keine Reaktion der Kraushaar?"

„Mm. Nö. Fällt mir jetzt erst auf. Mm. – Da fällt mir noch etwas ein. Auch der Finger ist an dem Morgen draußen herumgeirrt. Den sehe ich frühmorgens sonst nie."

„Hat der Sie gesehen? Haben Sie ihn angesprochen?"

„Nö, der ist hinter den Mülltonnen verschwunden und ich war saumüde."

„Danke, Herr Faust. Sie haben uns sehr geholfen. Und ... schlafen Sie sich aus."

Das Duo Roßkopf und Bartschneider also im Schlussakt des Kammerspiels. Zwei traurige Gestalten. Die Szene könnte Dürrenmatt nicht besser erfinden, geht es Corinna durch den Kopf.

„Sie haben mich bei den Bullen angeschwärzt", sagt er und fährt sich mit dem Handrücken über den angegrauten Schnurrbart.

„Angeschwärzt? Dass ich nicht lache", krächzt Roßkopf.

„Ist jetzt auch wurscht", sagt er und fixiert sein Gegenüber. „Schrecklich, schrecklich, was passiert ist."

„Kann man wohl sagen", sagt sie.

„Dass Sie mir mal zustimmen, Frau Roßkopf!"

„Sie können Lena zu mir sagen."

„Wohlklingender Vorname. Karl Rudolph, wie du wohl weißt."

„Karu klingt besser", packt sie hemdsärmelig die Gelegenheit beim Schopf. „Wie schätzt du die Lage ein, Karu."

„Die befragen uns, weil sie im Nebel stochern. Ich hab selbst keinen Durchblick, nur ein Bauchgefühl. Als Jurist weiß ich, das zählt nicht."

„Immerhin, ein Licht am Ende des Tunnels."
„Schön gesagt. Vielleicht hast du recht, Lena."
„Also?"
„Mein Bauchgefühl zielt auf Miriam Armbruster."
„Bei der du dich vorhin ausgeheult hast. Wie passt das zusammen?"
„Gar nicht, ich weiß. Sentimentaler Rückfall."
Wie zur Entschuldigung hebt und senkt er die Arme.
„Warum die Armbruster, Karu?"
„Die hatte eine Scheißwut auf Corona."

„Mist", stöhnt Schmidt, „muss der Jörg gerade jetzt die Roßkopf aufrufen!"

Kapitel 16
Soko Torso V: neuer gerichtsmedizinischer Befund

„Das läuft alles auf die Armbruster hinaus", grübelt Beate zu Beginn der fünften *Soko-Torso*-Sitzung, am Mittwoch, den ersten April.

„Wir haben nicht einen faktischen Beweis", stellt Corinna nüchtern fest.

„Nicht einmal ein Motiv, mal abgesehen von der dünnen Behauptung ‚Scheißwut', die der Bartschneider der Roßkopf gegenüber im Warteraum geäußert hat."

„Bei der Zeugenbefragung war ihm diesbezüglich nichts zu entlocken", muss Jörg eingestehen. „Wie verhext!"

„Die Armbruster ist wohl 'ne eiskalte Egomanin, aber eine Hexe, die Hänsel und Gretel zerstückelt? Also ich weiß nicht", rätselt Beate.

„Der Furtok könnte uns weiterhelfen", denkt Jörg laut nach, „der hat sich jedoch erneut vom Acker gemacht. Leider – oder auch nicht."

„Jörg, bitte", herrscht ihn seine Lebensgefährtin an.

Er zuckt mit den Schultern.

„Haben wir uns irgendwie verrannt?", räsoniert die *Soko*-Chefin. „Haben wir irgendetwas übersehen?" Sie denkt an Schlösser, behält es aber für sich.

Da klopft es an der Tür und Lukas kommt herein.

„Doktor Bartschneider hat Anwalt Kafra beauftragt, die Dienstaufsichtsbeschwerde zurückzuziehen", sagt er.

„Bin froh, wieder bei euch zu sein."

„Na denn", sagt Corinna mit strengem Blick. Jörg und Beate nicken.

„Hat jemand eine Idee, wie wir rauskriegen können, ob die Armbruster dahintersteckt?"

„Nehmen mir uns mal die Putzfrau von dem Bartschneider zur Brust, Corinna", schlägt Bachmann in das Schweigen hinein vor, „Bärbel Franke heißt sie."

„Warum gerade die, Jörg?", wundert sich Beate.

„Weil, weil … uns gerade nichts Besseres einfällt", räumt er ein. „Quatsch, Aprilscherz."

Da meldet sich *Melissa*. „Moment, Kollegen", stoppt die *Soko*-Chefin den allgemeinen Aufbruch und scrollt über das Smartphone. Sie zieht die Brauen zusammen und berichtet: „Gerichtsmedizinische Untersuchung des Kraushaarkopfs bestätigt Torax-Befund. Schlaganfall. Aber … die Rückseite weist einen aktuellen Schädelbruch auf. Möglicherweise ist Corona Kraushaar mit dem Kopf aufgeschlagen."

„Die Blutlache neben den Mülltonnen", wirft Bachmann ein. „Ist sie dort verstorben?"

„Gestürzt oder zu Boden gestoßen?", rätselt Wunderlich.

„Der Täter hat die Leiche dort aufgefunden, zerstückelt und entsorgt?", spinnt Lukas den Faden weiter.

„Alles möglich, aber bislang nur Spekulation", kommentiert Schmidt. „Jetzt aber kommt die eigentliche Überraschung. Eine digital forensische Analyse lässt aufhorchen: In zeitlicher und räumlicher Nähe zu vermutlichem Todesort und -zeitpunkt, genauer gesagt am zweiundzwanzigsten März um zweiundzwanzig Uhr dreiunddreißig hat jemand nach dem Stichwort kopflos gegoogelt. Die Suchanfrage wurde mit hoher Wahrscheinlichkeit von einer Person getätigt, die zeitnah bereits von dem Todesfall wusste."

„Ein Mitwisser oder Mittäter also?", schlussfolgert Castor.
„Bleib dran an dem Thema, Lukas!", ordnet Schmidt an.

Kapitel 17
Überraschender Verdacht

„Verdammt verquere Wahrnehmungslogik!", kommt es Corinna gepresst über die Lippen.

Jörg steuert am frühen Nachmittag desselben Tages den Wagen in den Ortseingang von Willmerod, wo Franke wohnt. „Es gab mal 'ne Zeit, da bin ich gerne zu einem Außendienst gefahren. – Seit Corona nicht mehr."

„Du meinst, alles wird zu einem potenziellen Ansteckungsherd?", fragt er.

„So ist es. Handy, Türklinke, Banknote, Münzgeld, Kreditkarte, Joghurtbecher, frischer Blumenkohl, was auch immer."

„Heute Abend hatte ich Karten für Urban Priol, Frankfurter Hof in Mainz. Beate hat sich so gefreut. Abgesagt. Verschoben in den März einundzwanzig. Wenn das mal …"

„Nach hundert Metern biegen Sie rechts in die Zielstraße", fährt die Navi-Stimme humorlos dazwischen. „Sie haben Ihr Ziel erreicht. Das Ziel ist links."

Eine dürre, blassgesichtige, blondlockige Frau Mitte bis Ende vierzig öffnet die Tür und zieht reflexartig ihre Gesichtsmaske über Mund und Nase.

„Frau Franke?", versichert sich Corinna und zeigt den Dienstausweis her. „Hauptkommissarin Schmidt, mein Kollege Oberkommissar Bachmann. Dürfen wir?" Sie lenkt den Blick in den Flur.

„Sie wissen, weshalb wir hier sind?", fragt sie, als man unschlüssig im kargen Wohnzimmer steht, dessen Schiebetür nach draußen hin zu einer Terrasse mit vorgelagerter abschüssiger Wiese geöffnet ist. Frau Franke hat ein hochrotes Gesicht und ihre Unterlippe zuckt. Man hat die Gesichtsmasken abgenommen.

„Doktor Bartschneider hat mich angerufen", murmelt sie, „das ist ja grausam. Wenn ich mir das vorstelle – ich hab die Küche geputzt und da lag der Kopf der Leiche von Frau Kaushaar neben mir, in der Tiefkühltruhe ..." Sie beginnt zu schluchzen. „Entschuldigen Sie."

„Dürfen wir uns einen Moment setzen?", fragt Schmidt.

Bärbel Franke nickt und sinkt in einen Korbsessel.

„Haben Sie irgendeine Vorstellung, wie das hat passieren können", rätselt Bachmann.

„Dazu reicht meine Fantasie nicht aus", sagt sie und niest in die Armbeuge.

„Hatte jemand anders als Sie und Doktor Bartschneider Zugang zur Wohnung?"

Die simple Frage der Hauptkommissarin zeigt überraschenderweise Wirkung. Franke erstarrt, ringt um Luft und um Worte. Sie schaut auf die Pantoffeln. Langsam hebt sie die Augen. Dann sagt sie ausdruckslos: „Erich Finger."

Die beiden Ermittler schauen sich an und Bachmann raunt: „Wie das?"

Im Gesicht der Putzfrau arbeitet es. Ihr Blick huscht an seiner Glatze vorbei, scheint Hilfe zu suchen. Doch da ist niemand. Mit zittriger Stimme erklärt sie: „Er hat mich in der Hand."

„Womit hat er sie erpresst?", hakt Schmidt sogleich nach.

Die Arme fängt an zu schluchzen. „Schwarzarbeit", stammelt sie. „Er hat mir versprochen, dem nicht nachzugehen."

„Machen Sie sich da mal keine Sorgen, Frau Franke, uns interessiert das nicht. Wir haben den Tod Ihrer, pardon den Tod der Nachbarin von Doktor Bartschneider aufzuklären", beruhigt Corinna. „Übrigens, hat er sie Ihnen gegenüber mal erwähnt?"

Da huscht der Hauch eines Lächelns über Frankes Gesicht. „Der war in sie verknallt, Frau Kommissar, ganz doll verknallt. Ich hab ein paar Mal mitgekriegt, wie er sie angestarrt hat, im Flur meine ich."

„Und, wie hat sie reagiert?"

„Kalt. – Der Doktor Bartschneider ist im Grunde ein weicher Typ. Der war ihr nicht gewachsen. Gut, dass daraus nichts geworden ist."

„Wer hat da im toten Winkel sein Unwesen getrieben?", denkt Corinna auf der Rückfahrt laut nach. *Melissa* meldet sich mit einer SMS-Anfrage Schlössers. Schmidt drückt sie weg.

„Ich zähle mal eins und eins zusammen", sagt Jörg und trommelt mit den Fingern auf das Lenkrad. „Der Furtok hat schon einmal einen Auftragsmord begangen. Ist wohl sein Spezialgebiet. Auftraggeber könnte die …"

„… Armbruster gewesen sein, meinst du?", unterbricht die Chefin ihn.

Er nickt. „Welches Motiv hat sie? Eines der klassischen? Habgier, Eifersucht, Rache?"

Schmidt runzelt die Stirn. „Raus mit der Sprache, Jörg!"

„Das frühmorgendliche Geschrei der Armbruster, von dem der Barkeeper Faust berichtet hat. Dazu passt die Abwertung ‚Automat'. Hasserfüllt hat sie das ausgespuckt."

„Mm!" Corinna zückt das Smartphone und liest Jörg eine anonyme Notiz vom sechzehnten März vor.

„*Miriam coram publico als inkompetente Schlampe niedergemacht. Coronas arrogant-autoritärer Führungsstil nervt mehr und mehr. Hat sich 'ne neue Lesbe geangelt.* Haben die Cyber-Kollegen aus dem Netz gefischt."

„Unterstreicht meine These", grummelt Bachmann.

Schmidt nickt, fügt indes hinzu: „Die Zerstückelung der Leiche, Jörg, passt allerdings weder zu Furtok noch zu der Armbruster."

„Da kommt ein bestialischer Trittbrettfahrer ins Spiel, Corinna, ein sadistischer Perversling, ein Frauenhasser. Der drangsaliert seine Mitbewohner mit Leichenteilen. – Finger?"

„Spekulationsblase, Jörg."

„Kann rasch platzen, ich weiß. Aber wir sollten der Sache nachgehen."

„Mangels Alternativen?" Corinna zuckt mit den Schultern.

Zu Hause blättert sie in Briefen, die Charlotte von Stein 1784 – damals Strohfrau oder schon Geliebte Goethes in Weimar? Oder beides? – an ihre Schwester schrieb. Von intriganten Altvorderen lernen, schmunzelt Corinna vor sich hin.

„Es scheint, Claudius hat dich mehr angezogen als Jacobi."

Sie greift zum Füller und bilanziert: akustische, olfaktorische, optische, ökonomische, soziale, emotionale, intellektuelle, spirituelle Anziehung?

Ihr persönliches Votum ist eindeutig. Schwieriger wird's, dies bei anderen auszumachen. Warum fiel Miriam Armbruster bei der Kraushaar in Ungnade?

Aufklärung kommt von ungeahnter Seite.

Kapitel 18
Die unerwartete Zeugin

„Frau Herzel, Sie haben zu Protokoll gegeben, mit Corona Kraushaar enger befreundet gewesen zu sein. Ist das korrekt?", fragt *Soko*-Chefin Schmidt und schaut in die schiefergraublauen Augen der brünetten Mittzwanzigerin, die ihr im durchlüfteten Büro abstandsgerecht gegenübersitzt. Es ist Donnerstag, der neunte April, vierzehn Uhr. Hatte auch mal eine ähnlich durchtrainierte Figur, scheinen Corinnas anerkennend musternde Blicke zu sagen.

„So ist es, Frau Hauptkommissarin", antwortet Dina Herzel, den Tränen nah. „Wir waren seit einigen Wochen ein Paar."

„Was Miriam Armbruster nicht gefallen haben dürfte, oder?"

Herzel nickt und kann eine leichte Röte auf dem fein geschnittenen Gesicht nicht unterdrücken.

„Krankhafte Besitzansprüche und Aggressionen ohne Ende. ‚Ich bring dich um, wenn du mich verlässt!', hat sie gedroht, hat Cora mir berichtet. Die hat irre Angst vor ihr gehabt. Einmal ist sie wohl mit dem Küchenmesser auf Cora losgegangen."

„Warum hat sie das nicht bei der Polizei angezeigt?", wundert sich Schmidt.

„Keine Ahnung. Hab ich ihr auch gesagt. Könnte sein ..."; Dina Herzel fährt sich mit der Rechten durch die lockige Haarpracht.

„Ja?"

„Könnte sein, dass Cora befürchtet hat, Miriam würde ihr Beteiligungskapital an der Firma abziehen. In Corona-Zeiten der Supergau."

„Hat Frau Kraushaar da mal was gesagt?"

„Nun ja, eigentlich haben wir über Berufliches nicht gesprochen."

„Eigentlich?"

„Na ja, seit Miriam ihren Job als Stewardess verloren hat ..."

„Moment mal", wird sie von Schmidt unterbrochen, „Frau Armbruster hat ausgesagt, sie sei coronabedingt in Kurzarbeit."

Herzel tupft sich mit einem Taschentuch über die Stirn und stellt klar: „Man hat ihr vor Corona bereits gekündigt."

„Aha?"

„Gehäufte Klagen der Fluggäste wegen ungehörigen Gebarens, heißt es. Einmal muss sie einem Passagier ein Glas Sekt ins Gesicht geschüttet und ihn angeschrien haben."

„Mm ... Hat es mal eine Auseinandersetzung vor Mitarbeitern gegeben", will Schmidt wissen.

„Ich kann mir denken, was Sie meinen", antwortet Dina Herzel. Miriam hat sich, so Cora, zunehmend in Dinge der Firma eingemischt, ohne einen blassen Schimmer zu haben. Insbesondere in den drei Wochen bis zum neunten März, in denen Cora zur Kur in Bad Ems war. Danach ist ihr mal der Kragen geplatzt. Ist noch nicht lange her."

„Wir rätseln angesichts der Schlangentätowierung ...",

„... die nichts zu bedeuten hat. Miriam Armbruster hat die auch, war deren Idee, meinte, mit so etwas könne man Corporate Identity bewirken. Ich weiß nicht, ob Mitarbeiter auf den Zug aufgesprungen sind", erläutert Herzel.

„Wann haben Sie Ihre Partnerin zuletzt gesehen, Frau Herzel?", fragt Schmidt in die Pause hinein.

„Am vorletzten Sonntag. Wir wollten gerade zum Joggen aufbrechen, obwohl ..."

„Wann genau war das?", wird sie unterbrochen.

„Gegen fünfzehn Uhr."

„Und dann?"

„... meldete sich ihr Handy und Cora sagte, sie müsse umgehend ..." Bei diesen Worten beginnt sie zu schluchzen. „Entschuldigen Sie, Frau Schmidt, seitdem ..."

Corinna schweigt, lässt sich Zeit mit der delikaten Frage: „Wussten Sie von der Corona-Erkrankung Frau Kraushaars?"

Dina Herzel ist überraschenderweise nicht überrascht.

„Ja klar, kein Problem für mich."

„Wie das?", kommt es Corinna überrascht über die Lippen.

„Ich war eine der ersten genesenen Corona-Opfer."

Schmidt rückt reflexartig zurück.

„Keine Angst!" Herzel huscht ein Lächeln übers Gesicht.

„Milder, fast symptomfreier Verlauf. Vermutlich Hintergrundimmunität infolge überstandener früherer Infektionen mit menschlichen Erkältungs-Corona-Viren."

„Heißt?"

„Reaktive T-Zellen, das Ergebnis meiner durchgemachten Infektion, erkannten sozusagen bestimmte Teile des neuen Coronavirus und obsiegten."

„Und Frau Kraushaar?"

„Hatte leider nicht meine Immunität."

„Leider?"

„Am Tag, bevor sie verschwand, überfiel sie urplötzlich eine heftige Hustenattacke." Bei diesen Worten zückt sie das

Smartphone, wischt über das Display und zeigt, ohne mit der Wimper zu zucken, eine SMS her: *Du hast Corona auf dem Gewissen. Demnächst wird es dich erwischen, du Luder.*

Deshalb hat Herzel sich bei uns gemeldet, geht es der Kommissarin durch den Kopf und mit Nachdruck erklärt sie: „Die Drohung müssen wir ernst nehmen. Ich werde Personenschutz …"

„Ich kann mich selbst verteidigen", unterbricht Herzel sie und zeigt auf Stirn, Brust und Beine. „Bin deutsche Kickboxmeisterin."

„Sender unbekannt?", fragt Schmidt.

Dina Herzel nickt und ergänzt: „Auch kein Datum, seltsamerweise."

„Schicken Sie mir die SMS", sagt Schmidt und gibt ihr die Handynummer. „Unsere Experten kriegen vielleicht raus, von wem die Drohung stammt … Noch eine Frage: Wer wusste von Ihrer beider Beziehung?"

„Mm. Bislang außer Miriam niemand. Cora ist – war sehr darauf bedacht, Privates abzuschirmen."

Kapitel 19
Trittbrettfahrer?

„Ein anonymer Wisch. Ist gestern Morgen bei uns eingegangen", informiert *Soko*-Chefin Schmidt und zeigt ihn dem Team.

Vergesst nicht die öffentlichen Müllbehälter!

„Ein Trittbrettfahrer?", fragt Wunderlich.

„Ich hab unsere Kollegen losgeschickt und … sie sind schnell fündig geworden. Männliche Leichenteile über Simmern verstreut. Gruselig. Kein Kopf. Immerhin, der DNA-Schnelltest war aufschlussreich: Tomasz Furtok."

„Wow!", entfährt es Castor, müssen wir unseren Fall neu aufrollen?"

„Keineswegs, wir müssen unsere Perspektive erweitern. Die Furtok-Leiche wurde mit einer anderen Kettensäge zerlegt als die Corona-Kraushaar-Leiche", erklärt Schmidt und schaut in fragende Gesichter. „Wir müssen mal wieder Pfarrer Simon in Willmerod aufsuchen. Auf seinem Todesacker ist gestern der Furtok klammheimlich beerdigt worden."

„Was versprichst du dir davon?", fragt Bachmann.

„Mal sehen."

„Morgen die Beerdigung der Kraushaar. Kurz hintereinander zwei kopflose Leichen. Bin gespannt, wie unser Pfarrer damit umgeht", grübelt Wunderlich und zwirbelt die Haarsträhne.

Kapitel 20
Beerdigungsfarce

Was für eine Beerdigungsfarce, denke ich, im Ohrensessel meiner Mutter Johanna Einsiedel grübelnd. Ich zoome die Begräbnisprozedur aus dem Kurzzeitgedächtnis zurück. War es eine Zombiezeremonie?

Ekelhaft, wie man im pausenlos niederprasselnden Regen mit gurgelnden Tritten durch den Friedhofsmorast gestapft ist, in vorgespielter Trauerkörperhaltung, bei angesagtem Körperabstand, die vorgeschriebene Teilnehmerobergrenze jedoch missachtend. Ebenso komisch, wie unberechenbare Windstöße aufgespannte Regenschirme umgestülpt und zerrissen haben. Jämmerlich haben die torkelnden Trauerattrappen ausgeschaut, als das Wasser an ihnen heruntergelaufen ist, lächerlicher als begossene Pudel.

Corona Kraushaar kopflos so würdelos zu verabschieden, einfach widerwärtig!

Gegen diese Heuchelei, befördert durch strohdumme Reaktionen auf die sogenannte Coronakrise, auf Medeas späte Rache, kann selbst ein Pfarrer Simon allenfalls für einen Augenblick etwas ausrichten. Dabei hat er sein Bestes gegeben. Unbeirrt von Regen, Sturm und leeren Blicken über schwarzen Gesichtsmasken hat er am offenen Grab mit der ihm eigenen sonor-sympathischen Stimme der ehemaligen Konfirmandin Cora gedacht, sie in ihrer wunderlichen Widersprüchlichkeit charakterisiert, dabei jeden Anflug von Verlogenheit, der oft genug Trauerreden begleitet, vermieden.

Die Leute aus dem Dorf, die trotz Ansteckungsgefahr der Beerdigungsfeier beigewohnt haben, die waren ehrliche Trauergäste, die haben ehrlich gebetet und – ehrlich geschwiegen; ehrlich gesungen hätten sie auch, wenn sie gedurft hätten.

Aber der leblose Rest? Schaurig gekünstelte Auftritte, jeder Einzelne ein Fremdkörper. Der es sich verlogenerweise nicht einmal hat nehmen lassen, das hingehaltene Schäufelchen zu ergreifen, um robotergleich ein Häuflein Erde auf den Sarg zu schütten.

Jeden dieser merkwürdigen Untoten hätte ich ohrfeigen können, geht es mir, der ich grüblerisch in meinem Ohrensessel sitze, durch den Kopf.

Da war jedoch eine verschleierte Frau, die war anders, ganz anders. Irgendwie würdevoll in ihrer Trauer. Seltsam, dass mir das jetzt erst so richtig bewusst wird. Wer war die Frau? Ich sollte es herausfinden ...

Ich selbst habe mir erst, als man sich zum Leichenschmaus vom Todesacker gemacht hat, erlaubt, mich am offenen Grab von Cora zu verabschieden. Dabei ist mir die Vorstellung, dass in dem Sarg, den ich mit weißen Lilien und Nelken bedeckt habe, Coras Kopf fehlt, nicht aus dem Kopf gegangen. Wo ist er? Was, wenn man ihn findet? Wird man dann das Grab wieder öffnen, den Sarg? Vielleicht gar Monate, wenn nicht Jahre später?

Zum Leichenschmaus bin ich nicht gegangen, nicht wegen Corona-Angst. Ich hielte es nicht aus. Diese gekünstelte Brücke in den dämlichen Alltag habe ich nicht betreten wollen. Die anfangs gedrückte Stimmung bei solchen Leichenschmausereien löst sich erfahrungsgemäß doch immer bald auf, spätestens nach einem Glas Wein.

Ich habe es vorgezogen, in meinem Ohrensessel nachzudenken, Cora nach-zu-denken. Und die frische Erinnerung aufzuschreiben, bevor die Dinge verblassen – was arg schnell passiert, wenn man sie nicht fixiert. Wie schnell löst sich das Bild des geliebten

Menschen im blendenden Gegenlicht der Erinnerung auf, in das die Tote eintritt, um unweigerlich zum Schatten zu werden.

Gemeinschaft oder Geselligkeit nach Beerdigungen habe ich seit meiner Kindheit als traurige, gleichwohl makabre Inszenierungen verabscheut. Sollen den Heuchlern doch die Streusel des Leichenschmauskuchens im Halse stecken bleiben, habe ich mir gedacht. Corona, die viel zu lebendig gewesen ist, sich ihren Kopf über meine Gedanken zu zerbrechen, hätte mich verstanden, würde mich verstehen. Ganz bestimmt. Aber die anderen? Keiner. Das ist so sicher wie das Amen auf Willmerods Friedhof, mit dem Pfarrer Simon, dieser begnadete Totenredner, den einzig würdevollen Moment der ansonsten leblosen Beerdigungszeremonie beendet hat. Die fand mit einem Donnerschlag und Platzregen ein jähes Ende ...

Ich sollte das dennoch mal überprüfen. – Das dauert und dauert, bis der Computer hochgefahren ist.

Ich fress 'nen Besen, wenn keiner die Beerdigung ...

Na also. Da haben wir's doch!

Merkwürdig, der Bartschneider ist mir gar nicht aufgefallen. Muss ihn mal näher ranzoomen. – Protziger Siegelring mit Schlangenmotiv an der rechten Pranke. Warum streift er den ab? Nicht zu fassen, der lässt ihn in die Grube fallen. – Habe gar nicht mitbekommen, dass der robotergleich mehrfach mit dem Schäufelchen Sand auf den Sarg von Corona geschüttet hat.

Dann übernimmt die verschleierte Frau das Schäufelchen. Kennen die sich? Jedenfalls haben sie sich für einen Moment so angeschaut. Kommt mir jedenfalls so vor.

Der Sache muss ich nachgehen.

Kapitel 21
Spätzünder-Kolumne

Spätzünder-Kolumne der *Hunsrück-Zeitung* vom 6.7.2020
Notorische Hunsrücker Stammtisch-, Kirchgangs-, Beerdigungs-, Schul-, Bindungs- und andere Verweigerer berichten in unserer seinerzeit Spätzünder getauften, beliebten Kolumne jeweils in der Samstagsausgabe von ihrem Bemühen, in einer Art Selbsttherapie Versäumtes auf- und einzuholen. Hans Gondorf hat sein persönliches Ziel erreicht. Unser HZ-Feuilleton-Team gratuliert ihm – und ist gespannt, ob er weitermachen wird.

Ehrlich gesagt: Zu Beginn war ich skeptisch, ob ich den Beerdigungsmarathon erfolgreich beenden könnte. Sch(l)ussendlich nun zwei kopflose Leichen hintereinander, natürlich auf dem Friedhof in Willmerod, natürlich mit Pfarrer Johannes Simon, dem Türsteher vor der Walhalla, Trauerredner-Ass, Popstar im Beerdigungs-Cosmos.

Ende zweitausendundfünfzehn die Debütbeerdigung. Nun, nach bald fünf Jahren, schließe ich den Selbstversuch ab. Dreihundert Trauerfeiern sind zusammengekommen, meine persönliche Zielmarke. Das kann sich sehenlassen.

Ab März zweitausendundzwanzig kamen noch einmal Zweifel auf. Corona ließ die Teilnehmerzahl zusammenschrumpfen, auch politisch verordnet. Als Fremdgänger wahrte ich den Abstand, tat so, als besuchte ich das Grab eines Angehörigen. Insider verstanden mich, nickten mir zu. Vielleicht bin ich gerade dadurch recht eigentlich zum Hunsrücker „Trauerbürger" gereift, mein bescheidener Beitrag zum Sozialkitt bis zum Urnen- oder Sargdeckel, Corona sei Dank.

Abschließend ein paar Worte zur Abschlussbeerdigung, wenn ich das so sagen darf. Corona Kraushaar wurde zu Grabe getragen, mitten in der gleichnamigen Pandemie.

Die finale Bestätigung meiner Erfahrungsthese: „Beerdigungen sind eine Art Theater, wenn auch mit einem düsteren Gepräge."

Corona-Mehltau allenthalben, mieses Regenwetter, schräge Gestalten, ein unwirkliches Gebräu. Da fiel es wohl auch nur meinem prüfenden Blick auf, dass die floristische Kultur über die Jahre hin immer dürftiger geworden ist. Die Kränze, die ein wenig von handwerklicher Kunst zeugten, wurden ebenso vom Regen gepeitscht wie die vielen kitschigen Gebinde. Die Kerzen auf den Gräbern erloschen, in den Laternen zuckten Flämmchen; Blumensträuße entstiegen randvollen Vasen. Nach der Beerdigung warf sie der mir seit Jahren bekannte Friedhofsgärtner achselzuckend in den Müllcontainer, ein faulig riechender Teich.

Metaphysische Gedanken bedrängen mich, machen aber auch Hoffnung. Leichendebütant, Professor Joshua Goldschmied – er liegt nur wenige Meter entfernt von ihrem neuen Zuhause –, grabflüstert mit der Abschlussleiche, Corona Kraushaar – zwei Seelenverwandte. Aus Ilmenau ist Corona Schröter zugeschaltet. Eine spirituelle Ménage-à-trois par excellence.

Eine grandiose, eine befreiende Vorstellung! Damit kann ich gut leben.

Ein Ratschlag: Erinnern wir uns an die nach 1750 verbreitete adlige Tradition der Nachtbeerdigungen. Exklusive Festakte. Täte gut in unseren metaphysikfreien Zeiten.

Kapitel 22
Befragung des Beerdigungspfarrers Simon

Johannes Simon grübelt: „Ein Albtraum, Frau Schmidt, was Sie mir da erzählt haben. Was für eine Farce! Damit meine ich nicht nur die makabre Tatsache, zwei Kopflose beerdigt zu haben. Auch eine Rosemarie Nitribitt hat man 1957 ohne Kopf beerdigt. Und bei Urnen- oder Waldbestattungen stellt sich die Frage erst gar nicht. Und ein weiblicher Holofernes ist nie ausgeschlossen. Da drücken die Ärzte vor Ort schon mal ein Auge zu – wie auch bei der Entbindung von der Maskenpflicht. Irre!"

„Ist Ihnen in der Nacht nach der Furtok-Bestattung irgendetwas auf dem Friedhof oder um ihn herum aufgefallen. Ich meine, Sie wohnen ja im Blickfeld …"

„Normalerweise habe ich einen gesunden Schlaf, Frau Schmidt, aber in dieser Nacht hat mich der Gewittersturm aus dem Bett getrieben, um mich nach dem Rechten sehen zu lassen. Und da habe ich tatsächlich einen dunklen Pritschenwagen auf dem Parkplatz hinter der Leichenhalle bemerkt. Hab mir aber nichts dabei gedacht. Sonst hätte ich tagsdrauf Anzeige wegen Störung der Friedhofsruhe erstattet."

„Kennzeichen?"

„Leider nein. Ich habe mir einen Kamillentee gemacht und dabei hörte ich, wie das Auto gestartet wurde und wegfuhr."

„Mm. Noch ein Wort zu der Kraushaar-Beerdigung, Herr Pfarrer."

„Nun ja, was soll ich sagen. Die Todesumstände, die coronabedingte und die sonstige Maskerade, dazu der Regen. Solch eine Beerdigung wünscht sich kein Mensch."

Merkwürdig, geht es der Hauptkommissarin durch den Kopf, so uninspiriert habe ich Pfarrer Simon noch nie erlebt. Bloße Allgemeinplätze.

Da klopft es an die Tür.

„Herein", ruft er und ein Lächeln umspielt seine Lippen.

„Wir warten, Herr Pfarrer!", sagt das Mädchen mit Nachdruck.

„Bin gleich da", antwortet er erleichtert und wendet sich achselzuckend der *Soko*-Leiterin zu:

„Der Konfirmationsunterricht."

Er steht auf und verabschiedet die Besucherin coronagemäß.

„Beim nächsten Mal habe ich bestimmt mehr Zeit für Sie."

Das Mädel ist Ihnen arg gelegen gekommen, scheint der Blick Corinna Schmidts zu signalisieren. Er reagiert nicht auf den unausgesprochenen Vorwurf.

Kapitel 23
Einblicke in Fingers Biografie

„Ich habe die Geschichte des Erich Finger ausgeleuchtet. Unschön, was ich da gesehen habe, Kollegen", beginnt Lukas Castor zu Beginn der sechsten Teamsitzung der *Soko Torso*, am Freitag, den siebzehnten April, „bedrückend".

„War zu erwarten", seufzt Beate Wunderlich.

„Einzelkind. Die Mutter stirbt bei seiner Geburt. Der Vater, Metzger von Beruf, ist in Sachen Erziehung zeitlich und auch sonst überfordert. Immer wieder Heimaufenthalte des Kleinkinds.

Der Vater heiratet ein zweites Mal. Die Stiefmutter, ebenfalls verwitwet, bringt eine zwei Jahre ältere Tochter mit in die Ehe. Diese Stella Miriam, von der versoffenen Mutter immer wieder geschlagen, überträgt ihren Frust und ihre Aggressionen auf den jüngeren Stiefbruder. Für ihn die Hölle. Der Vater ignoriert es, mehr noch, er verachtet seinen Sohn, weil der sich nicht wehrt."

„Eine Scheißgeschichte, wie aus einem Lehrbuch des Doktor Freud", kommentiert Jörg Bachmann. „Stella Miriam?"

„Habe bislang keine Verbindung zur Armbruster nachweisen können, Jörg. Ich will weder spekulieren noch küchenpsychologisieren", kann sich Lukas einen Seitenhieb auf den Kollegen nicht verkneifen, „ich bleibe bei den Fakten meiner Recherche. In der Grundschule nässt er immer wieder mal ein", fährt er fort. „‚FF', hänseln ihn die Mitschüler, ‚feuchter Finger'. Freunde hat er dort keine, wohl auch, weil er als Streber wahrgenommen wird. Dennoch oder deswegen, keine Ahnung, kühlen zwei Lehrerinnen ihr Mütchen an ihm. Aufgrund seiner guten schriftlichen Leistungen verhindern sie aber nicht, dass er zum Gymnasium wechselt. Auch dort bleibt er ein verzwergter Einzelgänger, mit dem niemand etwas zu tun haben möchte. Mädchen schon gar nicht. Da er sich mündlich nie beteiligt, bleibt er bei den Endnoten Mittelmaß. Nur in Mathe räumt er gute Noten ab, bis zum Abitur."

Lukas blickt fragend in die Runde: „Was macht er danach?"

„Finanzbeamter, wissen wir doch", grantelt Bachmann. „Mit Zahlen hat er's ja."

„Später erst, Jörg, später. Zunächst verpflichtet er sich bei der Bundeswehr, für vier Jahre."

„Damals noch wenig Frauen in der Truppe. Klare Hierarchien mit strikten Befehl-Gehorsam-Strukturen in einer abgestandenen Männergesellschaft. Da will er obenauf sein, oder?", fragt die *Soko*-Chefin, die bislang geschwiegen hat.

„So ist es, Corinna. Trotz miserabler sportlicher Leistungen wird er nach bestandenen Fahnenjunker- und Fähnrichlehrgängen zwei Jahre später zum Leutnant befördert und landet als Zugführer in einer Ausbildungskompanie. Hier kann er zwei Jahre lang sein Mütchen kühlen. Bei Wind und Wetter lässt er frühmorgens die Rekruten zur Formalausbildung antreten. Derweil inspiziert er persönlich deren Spinte und verordnet drakonische Strafen, wenn die Ablage der Unterwäsche auch nur fingerbreit von den Vorschriften abweicht. Solche und ähnliche Notizen von Weggenossen lassen aufhorchen. Doch niemand ist ihm in die Parade gefahren.

Im Anschluss an diese Zeit der inneren Reichsparteitage lässt er sich in Edenkoben zum Finanzinspektor ausbilden."

„Was ist aus seinem Vater und den anderen geworden?", will Beate wissen.

„Die Stiefmutter hat sich zu Tode gesoffen, der Vater ist von einem Tag auf den anderen von der Bildfläche verschwunden und nie mehr aufgetaucht. Die Stiefschwester, offensichtlich ein cleveres Biest, die hat nach einem BWL-Studium Karriere in einer Marketingfirma gemacht. Danach verliert sich ihre Spur."

„Würde gerne mal die Wohnung von dem Typ inspizieren", grummelt Bachmann. „Affektiv muss der absolut unterernährt sein."

„Keine Chance", entgegnet Schmidt harsch, „wir haben keinen triftigen Grund, Jörg. Deshalb mach ja nicht den Lukas!" Ihr Blick streift die beiden Kollegen,

Dann setzt sie ihr Team über die Zeugenaussage Dina Herzels in Kenntnis. „Leider hat die KTU die Droh-SMS nur lokal rückverfolgen können. Kirn an der Nahe, vermutlich Prepaid-Handy."
„Furtok?", vermutet Bachmann.
„Auch mein erster Gedanke, Jörg", antwortet Schmidt.
„Dann wäre die Drohung obsolet?"
„Oder auch nicht, Beate", räsoniert die *Soko*-Chefin.
Selbigen Moments kündigt *Melissa* den Eingang eines Telefonanrufs an, der Corinnas Skepsis Nahrung gibt. Intuitiv drückt sie die Mithörtaste.
„Ich werde verfolgt", keucht die Stimme, „Höhe Kastellaun, Waldweg Richtung Hollnich ..."
Die Verbindung bricht ab.
„Dina Herzel", ruft Schmidt. „Sputet euch!"
Jörg, Lukas und Beate stürzen los, Corinna ordert den Polizeihubschrauber. Danach vergebliche Versuche, die Joggerin zu kontaktieren.

Kapitel 24
Verfolgungsjagd

Mit quietschenden Reifen zwingt Bachmann zwölf Minuten später, von Spesenroth kommend, den Polizeiwagen scharf rechts in den asphaltierten schmalen Waldweg und brettert Richtung Hollnich. Der Hubschrauber kreist dröhnend über ihnen, Beate hält Funkkontakt. Zum Glück hat der Gewitterregen nachgelassen.
Lukas ruft von hinten: „Stop! Da liegt was."
Jörg geht in die Eisen. Lukas springt hinaus, eilt zurück, blickt ins Geäst, zieht seine Pistole, drückt ab und läuft zurück. „Angefahrenes Reh, hab's erlöst."
Beate schüttelt den Kopf. Bachmann gibt Gas. Hinter der nächsten Kurve kann ein Rotmilan gerade noch nach oben ziehen und dem tödlichen Kontakt mit der Windschutzscheibe aus-

weichen. Einige Schwanzfedern segeln neben und hinter dem Wagen zu Boden.

Vor den Kommissaren die Weggabelung: geradeaus Richtung Hollnich, freier Blick, links der abschüssige, von Buschwerk umrankte Trampelpfad nach Kastellaun, rechts ein baumumstandener coronagesperrter Kinderspielplatz, an dem mit einem scharfen Rechtsknick der geschotterte Weg nach Spesenroth vorbeiführt, überdeckt von einer Staubwolke.

Bachmann bremst abrupt ab. Sein Blick klebt an einer jungen Frau in durchnässter Joggingmontur, die bibbernd auf einer Schaukel sitzt, den Kopf in den Händen vergraben.

„Dein Job", ruft er Beate zu, die aus dem Wagen springt und auf die Joggerin zuläuft.

Bachmann gibt Gas. Hinter dem Rechtsknick, vielleicht dreihundert Meter voraus ein staubumhüllter dunkler SUV, über dem der Helicopter kreist. Sekunden später verschwindet der SUV in einem Laubtunnel, der links abbiegt. Als die Kommissare die Stelle erreichen, ist der SUV nicht mehr zu sehen.

Die Kollegen im Heli rufen verärgert in die Kopfhörer: „Wie vom Erdboden verschluckt!"

Bachmann und Castor steigen aus. Der morastige Boden des Laubtunnels dampft nach dem Gewitterregen. Drückende Schwüle. Keine Chance mit dem Polizeiwagen. Die Kommissare stapfen drauflos, machen aber nach der nächsten Kurve kehrt. Nichts zu sehen, nichts zu hören. Dafür nasse Füße. Bachmann steuert das Auto geradeaus, aus dem Tunnel hinaus. Windräder ohne Ende am Horizont, davor der Hubschrauber, der lautstark auf der Stelle dreht und alles, was nicht niet- und nagelfest ist, aufwirbelt.

Zwei Stunden später entdeckt der von Bachmann angeforderte Suchtrupp den schwarzen SUV in einem sichtgeschützten Unterstand. Zu den sichergestellten Spuren im gestohlen gemeldeten Wagen mit gefälschtem GOA-Kennzeichen finden sich keine Pendants in der kriminalpolizeilichen Datenbank.

Dina Herzel berichtet, den SUV habe eine vermutlich männliche Person mit dunkler Gesichtsmaske gesteuert; weitere Personen seien ihr nicht aufgefallen. Ob der Fahrer sie tatsächlich habe umbringen wollen, könne sie nicht einschätzen, Angst und Schrecken aber habe er ihr allemal eingejagt. Mit einem beherzten Sprung ins dichte Gestrüpp habe sie sich retten können. Dabei habe sie ihr Handy verloren. Als der SUV abdrehte, habe sie sich auf den Kinderspielplatz geschleppt.

Kapitel 25
Corona Schröter

„So abwesend, Chefin?", fragt Wunderlich, die den Dienstwagen steuert, mit einem kurzen Blick zur Seite.

Die beiden Kommissarinnen sind auf dem Weg nach Mermuth, um Friedrich Einsiedel, den Ex-Lebensgefährten von Corona Kraushaar, als Zeugen zu befragen. Es ist Freitag, der vierundzwanzigste April.

„Ich hab dir mal gesagt, was ich nach dem Abi gemacht habe, Beate?"

„Germanistik und Philosophie, oder?"

Corinna nickt: „Da bin ich Corona begegnet."

„Bitte?!", entfährt es der Fahrerin.

„Nicht der Kraushaar", sagt Corinna schmunzelnd.

„Das Virus gab's da noch nicht", meint Beate.

„Das aktuelle Corona-Virus nicht, aber andere Viren. Heiner Müller hat schon festgestellt, dass es die Viren sind, die uns beherrschen. Wir seien nur deren Kneipen."

„Rustikaler Vergleich. Egal. Dass wir die Erde beherrschen also nur ein Wunschbild?"

„So ist es wohl, Beate."

„Demut statt Allmachtsfantasie?"

Corinna nickt. Dann sagt sie: „In der Uni-Bibliothek bin ich Corona begegnet – und Einsiedel."

Beate macht große Augen.

„‚Ne Seminararbeit über die heute Unbekannte. Corona Schröter, eine Helene Fischer im Weimar der frühen Goethezeit. Sängerin und Hofschauspielerin. Die hat den Großkopferten damals ganz schön den Kopf verdreht. Eine Zeitlang haben Goethe und auch sein junger herzoglicher Freund Karl August recht kopflos gehandelt. Kein Wunder angesichts Coronas anziehender Ausstrahlung. Die Schröter gehörte wohl zu der seltenen Spezies Frau, derentwegen ein Mann einen Mord begehen könnte – vielleicht auch eine Frau, fällt mir gerade ein. Egal, Tatsächlich verliebt war sie allerdings nur einmal, in Friedrich Einsiedel. Jahre später."

„Aha?" Beate ist ganz Ohr. Sie hofft auf Gesprächsstoff. Sie freut sich nämlich, einen Bekannten, Thomas Teske, den überaus sympathischen und attraktiven Lehrer, wieder mal zu treffen. Ihr Lebenspartner und Kollege Jörg hat seltsamerweise auch dieses Mal nichts einzuwenden. Vertrauen oder Gleichgültigkeit? Die Frage verunsichert sie seit geraumer Zeit. Und da ist noch die Geschichte mit der LKA-Tussi Schlösser. Will sie deswegen Teske treffen?

„Park da vor dem Café. Beim zweiten Frühstück hören wir uns ein Feature von *SWR 2* an. Startet wie jeden Freitag um zehn Uhr fünf. Was hat uns Weimar heute noch zu sagen?, fragt die beliebte Sendereihe."

Die beiden Kommissarinnen setzen Gesichtsmasken auf, bestellen sich Latte macchiato und Käsebrötchen und lassen sich im gegenüberliegenden Park vor dem ZAP auf einer Bank nieder. Vogelgezwitscher.

Corinna platziert das Radio und meint: „Oldschool eben."

„Gar nicht", beschwichtigt Beate, „der Situation angemessen. Gemeinsam auf Abstand Radiohören ist zur Zeit in. Autokino etwa."

Corinna nickt und ihre Brauen wandern nach oben.

„Das Züricher Sommer-Theaterspektakel gibt diesjährig eine künstlerische Antwort auf Corona. Auf den Landiwiesen liegen beim abendlichen Picknick im Park Besucher abstandsgerecht auf

Decken. Sie lauschen afrikanischen Storytellern und der amerikanischen Performance-Künstlerin Laurie Anderson. Deren *Songs and Stories in the Summer of Covid* überträgt das Radio."

„Dann sind wir also auf der Höhe der Coronazeit", schmunzelt Corinna und drückt die Taste des Radios.

„Gibt es eine historische Figur gleichen Namens wie die teuflische Pandemie unserer Gegenwart? Wir haben recherchiert. Dabei sind wird auf Corona Schröter gestoßen, eine illustere Schauspielerin am Musenhof der Großherzogin Anna Amalia von Sachsen-Weimar-Eisenach. Ausgerechnet das thüringische Residenzstädtchen Weimar. Die Hauptstadt des kleinen, armen und politisch unbedeutenden Staates, sechstausend Einwohner, ein Mittelding zwischen Hofstadt und Dorf, wie Johann Gottfried Herder abschätzig befand. Im letzten Drittel des achtzehnten Jahrhunderts war dieses Provinznest kulturelles Zentrum in deutschen Landen.

Zunächst berichtet unser Reporter Daniel Falk aus Ilmenau, einer heute knapp vierzigtausend Einwohner zählenden thüringischen Stadt, sechzig Kilometer südwestlich von Weimar."

„Ich stehe auf dem Gottesacker Ilmenaus vor der schlichten Grabstätte der Schröterin. Hier hatte man die einstmals Vielgelobte sang- und klanglos bestattet. Die Originalgrabplatte wurde leider zerstört und ging verloren. Überliefert ist die Aufzeichnung eines Besuchers Mitte des neunzehnten Jahrhunderts, die verwitterte Grabplatte habe, kaum noch erkennbar, eine verlöschende Fackel gezeigt, zudem eine Leier, einen Schmetterling und einen Kranz.

Coronas Dienerin Wilhelmine Probst gab im Weimarischen Wochenblatt bekannt: ‚Todesfall. Demoiselle Corona Schröter starb sanft zu Ilmenau den 23. August 1802 an den Folgen einer auszehrenden Krankheit.'

Ich mache mich nun auf den Weg in die City. Bin gespannt, ob die Leute sie kennen."

„Hallo, Daniel Falk von *SWR 2*. Corona Schröter ... Sagt Ihnen der Name etwas?"

„Corona? Verdammt nochmal, natürlich, – aber Schröter? Nie gehört."

„Verwandt mit unserem Ex-Bundeskanzler? Keine Ahnung."

„Hat die was mit dieser Corona-Scheiße zu tun?"

„Nun, liebe Zuhörer, wenigstens haben Sie vernommen, wie Sächsisch klingt ..."

„Mein Name ist Lore Neuhaus. Ich stehe hier in Weimar mit Peter Braun, dem Biografen der Corona Schröter, vor dem Wittumspalais. Coronabedingt ist der Wohnsitz der Herzoginmutter Anna Amalia zur Zeit leider geschlossen. Herr Braun bitte!"

„Nun, Goethe hatte die zwei Jahre jüngere, allseits bewunderte, allerdings unterkühlte Sängerin 1776 an den Weimarer Musenhof gelockt."

„Eine Prinzessin auf der Erbse?"

„Nicht nur das, Frau Neuhaus. Auch eine gefährliche Schlange, die Männer gerade wegen ihrer coolen Unnahbarkeit zum Wahnsinn treiben konnte. Kein Wunder, dass der stolze Johann Wolfgang irgendwann die Reißleine zog und sich distanzierte."

„Wie endete die Geschichte der Corona Schröter, Herr Braun?"

„Nicht gut, gar nicht gut. Corona Schröter zog sich mehr und mehr vom Hofleben zurück. Das hatte freilich einen Grund, einen schrecklichen: ihre Lungenkrankheit."

„Das müssen Sie uns erklären, Herr Braun."

„Nun, immer öfter wurde Corona von Hustenattacken gequält. Deshalb mied man den Umgang mit ihr, zunehmend. Man hatte schlichtweg Angst vor einer Virenschleuder namens Corona. Ihren letzten Halt verlor sie, als die Liebschaft mit dem Hofrat Einsiedel endete.

Die Tuberkulose raffte sie einundfünfzigjährig in Ilmenau dahin."

„Eine Frage am Rande, Herr Braun. Auf seiner Italienreise traf Goethe den Hochstapler und Magier Cagliostro, oder?"

„Eine der vielen Legenden, Frau Neuhaus."

„Warum gibt es so viele Unklarheiten und Legenden?"

„Quellen sind weg. Auch Coronas Tagebuch ist verschwunden. – Damit ich's nicht vergesse ... eine kleine Sensation."

„Aha!"

„Am Montag, also am siebenundzwanzigsten April werde ich sie auf der Pressekonferenz im *Elefanten* bekanntgeben. Ein Tagebuchauszug der Corona Schröter ist aufgetaucht. *Thüringen 2* wird ab zehn Uhr vor Ort berichten.

„Wow! Wir von *SWR 2* werden uns bemühen, ebenfalls dabei zu sein. Zunächst einmal besten Dank für Ihren unterhaltsamen Ausflug in die Goethezeit, Herr Braun. Lenkt ab in Corona-Zeiten."

„Die Dramen der Weimarer Klassiker bieten Anschauungsunterricht, wenn ich mir abschließend diesen Hinweis erlauben darf, Frau Neuhaus. Die Tragödien unserer Tage ließen sich in ihrer Tragik etwas besser begreifen."

„Sie adressieren eine Gesellschaft, die nicht erfahren hat, was eine Tragödie ist?"

„So ist es."

„Der Ausflug ins klassische Weimar könnte vielleicht gar ein wenig Licht ins Dunkel unserer Ermittlungen bringen", munkelt Corinna augenzwinkernd und klemmt sich das Radio unter den Arm. „Bin gespannt, was Braun am Montag zu verkünden hat."

„Danke für deine Denksportaufgabe", murmelt Kommissarin Wunderlich. „Du meinst Parallelen, vor allem aber Unterschiede, oder?"

Corinnas Augenbrauen heben sich.

„Dann wollen wir mal dem Herrn Einsiedel in Mermuth den angekündigten Besuch abstatten", erklärt *Soko*-Chefin Schmidt und schaut auf die Uhr. „Passt."

Kapitel 26
Besuch bei Ex-Kommissar Einsiedel

„Herr Einsiedel, danke dass Sie unserem Gesprächswunsch nachgekommen sind. Wie ich Ihnen bereits mitgeteilt habe, ermitteln wir in der Sache Corona Kraushaar", eröffnet Schmidt die Befragung des früheren Lebensgefährten der Toten in dessen Garten: Eine scheinbar urwüchsige Pfanzengesellschaft, die, in Wahrheit durchkomponiert, den wechselnden Jahreszeiten unterschiedliche Farbenspiele beschert.

Der rüstige Frührentner mit dem länglichen, schmalen und hageren Gesicht, das ein gestutzter grauer Backenbart einfasst, sitzt den Kommissarinnen in doppeltem Corona-Abstand gegenüber, die Beine übereinandergeschlagen, Pfeife rauchend. Seine blauen Augen liegen prüfend auf den beiden Frauen.

Zu seinen Füßen kauert eine schwarzhaarige Mischlingshündin. Die wedelt aufgeregt mit dem Schwanz, als ein Rotmilan mit katzenähnlichem Schrei über die Gartenwiese schießt.

„Was ist das für eine Formulierung, ‚Sache Corona'!", entrüstet er sich.

„Sie waren vor Jahren ihr Lebensgefährte?"

„Warum fragen Sie, wenn Sie's schon wissen?"

„Bei der Beerdigung waren Sie zugegen, Herr Einsiedel."

„Ja was denn sonst, ich habe schließlich einen Teil meines Lebens mit Corona verbracht."

„Ihr historischer Namensvetter sah das wohl anders …"

„Gut recherchiert, Frau Hauptkommissarin", unterbricht er Schmidt, „bürgerlicher Fortschritt eben."

„Sie waren sehr angefasst. Ich habe Sie beobachtet."

„Schnüffeleien bei der Beerdigung?"

„Ist Teil polizeilicher Ermittlungsarbeit. Schon vergessen?"

„Dann lassen Sie mich an Ihren Erkenntnissen teilhaben."

Corinna kontert den ironischen Begleitton: „Ich frage mich schon, weshalb die Beziehung zwischen Ihnen und Frau Kraushaar scheiterte. Die Lesbe Miriam Armbruster?"

„Finden Sie's heraus, wenn Sie's interessiert. Aber bitte auf einem angemessenen Niveau", grantelt er.

Wunderlich hat bislang nur zugehört. Nun springt sie ihrer Chefin bei. Sie lässt den Blick kreisen und wechselt unvermittelt das Thema: „Hibisken kommen tatsächlich gut durchs Jahr?"

„Endlich mal 'ne gescheite Frage! Frau Kommissarin, in der Tat, Klimawandel eben."

„Hier wahrlich ein Segen, oder?", seufzt sie und fügt fragend hinzu: „Neben dem urigen Brunnen da, sind das Passionsblumen?"

Einsiedel nickt und meint: „Winterfeste Grabblumen."

Er steht auf und geht Richtung Terrassentür. Die Hündin beginnt zu knurren. „Corona still!", ruft er und sie legt die Schnauze wieder auf die ausgestreckten Pfoten.

Sekunden später ist er zurück, ein Buch in der Hand.

„Corona attackiert nur, wenn ich es will", lässt er beiläufig fallen und krault ihr den Kopf. Dann setzt er sich und zeigt mit der Linken auf das Cover mit der Büste einer Frau und dem Titel *Corona Schröter. Goethes heimliche Liebe*. Sein Blick sucht die Augen der Besucherinnen. Er schlägt eine Seite auf und kündigt die Beobachtung eines Zeitgenossen des alten Einsiedel an, der Corona um ein Vierteljahrhundert überlebte: „Zuweilen sah man ihn in seiner Verlassenheit auf einer Bank im Park sitzen, still vor sich hin blickend und mit seinem Stock sacht und nachdenklich in der Erde wühlend, als wolle er eine längst gestorbene Zeit aus ihrem Grabe ausscharren."

Corinna und Beate haben ihm aufmerksam zugehört. Für einen Moment ist es ganz still in Einsiedels Garten.

Dann sagt er: „So weit habe ich es nicht kommen lassen wollen."

„Wow! War das ein Tateingeständnis, Chefin?", fragt Wunderlich, als sie wieder im Auto sitzen.

„Hab ich mich auch gefragt", grübelt Schmidt. „Nur welche Tat? Und welches Motiv? Rache vielleicht? Doch wofür?"

„Mist, Jörg hätte dabei sein müssen!", entfährt es Beate.

„Er hat doch jemanden im Dachgeschoss des *Papageienhauses* erspäht, als ihr mit der Roßkopf die Biotonnen inspiziert habt, oder?"

Corinna nickt und fragt: „Sollte tatsächlich Einsiedel uns da mit dem Portraitfoto der Kraushaar versorgt haben? Mit welcher Absicht?"

Beate chauffiert den Wagen aus der engen Einfahrt an einem Pritschenwagen vorbei auf den Schotterweg und sagt: „Er ist Linkshänder."

„Ist mir auch aufgefallen."

„Du hast ihn auf Polizeiermittlungsarbeit hingewiesen, Corinna. Das müsse er doch wissen", wundert sich Wunderlich.

„Vor langen Jahren war er Kollege", erklärt Schmidt, „hochkompetent, sowohl taktisch als auch strategisch. Hat man mir erzählt. Allerdings ein seinem Namen gerecht werdender sturer Eigenbrötler, der niemandem vertraut habe und dem niemand getraut habe. Völlig überraschend habe er gekündigt, um einen privaten Sicherheitsdienst zu managen. Spezialisiert auf Personenschutz linker Politiker."

„Deshalb hast du nicht nachgehakt?"

Corinna nickt. „Mehr war nicht aus ihm herauszukriegen. Zudem: Ich kann nicht ausschließen, dass er immer noch gute Kontakte zum LKA hat."

Als sie nach links in die Straße nach Gondershausen einbiegen, erinnert sie sich: „‚Corona attackiert nur, wenn ich es will', hat er gesagt und dabei den Kopf der Hündin gekrault."

„Da hab ich einen drohenden Unterton rausgehört", sagt Beate. „Der hat damit nicht nur seine aggressive Hündin gemeint."

„Sehe ich auch so", raunt Schmidt. „Die Hündin Corona zu nennen, das alleine spricht schon Bände. Was für ein Fetisch!"

„Haben wir bislang zu eindimensional ermittelt?"

„Könnte sein", räumt die *Soko-Torso*-Chefin ein.

„Da fällt mir eine Meldung ein, die ich kürzlich gelesen hab", erinnert sich Wunderlich, „Hunde als Corona-Schnüffler".

„Das ist so. Die Diensthundestaffel der Bundeswehr in Ulmen in der Vulkaneifel trainiert Schäferhunde. Am Geruch von Speichel, Schweiß und Urin sollen sie an Covid-19 Erkrankte erkennen."

„Denkbar, gibt ja auch Drogen-, Sprengstoff- und Kampfmittelspürhunde", meint Wunderlich.

„Verdammt noch mal!", entfährt es ihrer Chefin. „Dass ich das jetzt erst erinnere." Sie schlägt sich mit der Hand gegen die Stirn.

Verwundert schaut Wunderlich zu ihr hin.

„Der Pritschenwagen."

Kapitel 27
Neues zu Corona Schröter

„Als Direktorin der Klassik Stiftung Weimar bin ich sehr gespannt, was Doktor Peter Braun uns zu Goethes heimlicher Liebe Corona Schröter enthüllen wird."

„Vielen Dank, Frau Doktor Lichtentäler. In der Tat wartet eine kleine Sensation auf Sie, verehrte Gäste des Goethe-Fanclubs, wenn ich das mal so salopp ankündigen darf.

Zur Vorgeschichte: Der Mainzer Goethe-Forscher Doktor Carel Hootz hatte mich kontaktiert, er habe, kurz bevor die Anna-Amalia-Bibliothek abbrannte, in einem verstaubten Folianten ein herausgerissenes Einzelblatt des Tagebuchs der Corona Schröter gefunden. Er habe es sich unerlaubterweise angeeignet, räumte er anstandslos ein.

Aus heutiger Sicht Gott sei Dank! Natürlich war ich sogleich Feuer und Flamme, wenigstens ein Bruchstück des verloren geglaubten Schatzes in die Hände zu bekommen. Hier ist es.

Ilmenau den 20. Mai 1777, am Mittwoch. Abend.
Ich habe gestern schon anfangen wollen zu schreiben, allein ich konnte nicht dazu kommen. Heute bin ich bei dem schönen Wetter so viel spazieren gegangen, daß ich ganz müde und schläfrig

bin. Ich habe die Luft recht genossen und mich heiter und froh gefühlt. Seit länger als zehn Tagen ist es weder Tag noch Nacht kühl geworden, hört man.

Wie gut mir die hiesige Luft tut! Sie entschädigt für die Strapazen der zweitägigen Fahrt mit der unbequemen Postkutsche.

Immerhin hatte ich einen recht angenehmen Begleiter, den Hofrat Friedrich Einsiedel, ein liebenswürdiger Mensch mit noblen Manieren. Wir kennen uns seit einigen Monaten. Auch er nimmt an den Proben und dem Spiel im Liebhabertheater der Herzoginmutter teil. Wir kamen vom Stöckchen aufs Steinchen und en passant erzählte er mir, wie Goethe vor wenigen Monaten den armen Jakob Michael Lenz aus Weimar weggeekelt habe. Vermutlich habe dieser knabenhafte Poet sich zwischen ihn und Frau von Stein gedrängt.

Bei Goethe müsse man allemal vorsichtig sein, mahnte Einsiedel. Der Meister wisse, was er wolle, aber nicht, wen er wolle.

Bei dieser Anspielung sahen seine dunklen, flackernden Augen mich prüfend an.

Goethe rede von Idealen, lebe aber ... na ja.

Habe ich da einen eifersüchtigen Unterton herausgehört? Wie er das Wort ‚wen' betont hat! Sonderbar.

Ich habe Hofrat Einsiedel gegenüber angedeutet, das wilde Gefühlsleben der Weimarer Höflinge um Herzog Karl August und seinen väterlichen Freund Johann Wolfgang sehr wohl zu registrieren. Die Hofetikette um Herzogin Louise, meisterlich zelebriert von Frau von Stein und der Herzoginmutter, halte aber den Deckel darauf.

Meine eigene Erfahrung und Sicht der Dinge geht niemand etwas an. Wenn ich an Johann Wolfgangs überfallartige Besuche spätabends denke ... Oder an sein Verhalten bei den Proben ... Manchmal habe ich das Gefühl, er habe die Szenen seiner Gelegenheitsstücke und Dramen, die wir aufführen, so geschrieben, daß sie ihm Möglichkeiten eröffnen. ‚Laß mich zum ersten Mal mit freiem Herzen in deinen Armen reine Freude haben!', raunt er mir in der Rolle des Orest zu. Als Iphigenie muss ich sodann gestehen: ‚Ich ließ ihn nicht aus meinen Armen los.' Und in der Schlusszene bekennt mein geläuterter Bruder Orest in Anwesenheit des edlen Königs Thoas: ‚Von dir berührt, war ich geheilt; in deinen Armen faßte das Übel mich mit allen seinen Klauen zum letzten Mal ...; dann entfloh's wie eine Schlange zu der Höhle.'

Hier in Ilmenau hoffe ich, mich von all den Turbulenzen etwas erholen zu können. Auf einige Zeit den Argusaugen der beiden Damen zu entkommen, wird mir dabei helfen.

Ich schließe allerdings nicht aus, daß der eine oder andere mir aus Weimar einen unerwarteten Besuch abstatten wird. Würde mich nicht wundern, wenn bald schon erste Zettelgen Johann Wolfgangs eintrudeln.

Ach, im Leben eine Rolle spielen zu müssen, ist viel anstrengender als auf der Theaterbühne.

Es fällt mir auf einmal die Besorgnis ein, daß mit meinem Tagebuch etwas Fatales vorgehen könnte, wenn es in falsche Hände geriete. Möge diese Ahndung mich immer zur Vorsicht gemahnen.

Leider konnte Doktor Hootz sich nicht mehr an den Folianten erinnern. Wer, wann und mit welcher Absicht die Tagebuchseite ..."

Hätte es damals schon eine MeToo-Debatte gegeben!, denkt Corinna in den Vortrag Doktor Brauns im *Elefanten* hinein. Eine Unmutsfalte steht auf ihrer Stirn. Kein Wunder, dass Corona Schröters Aufzeichnungen in der Versenkung verschwanden. Was sie notiert hat, wird die Goethe-Germanistik jedenfalls aufhorchen lassen. Der Tagebuchauszug wirft alte und neue Fragen auf. Zumindest ist er ein weiteres Puzzleteilchen, das den überlieferten Dingen den harmlosen Schein nimmt, an dem man aus Bequemlichkeit oder Ideologie so gerne hing, geht es ihr durch den Kopf. Doch Corona und Umarmung?

Kapitel 28
Tod im *Birkenhof*

Mittwoch, der zwanzigste Mai, siebzehn Uhr fünfzehn.
Bevor Wunderlich aus ihrem Polo aussteigt, versichert sie sich im Spiegel, dass alles tadellos ist. Glücklicherweise hatte sie nach langen Coronamonaten zu Wochenbeginn endlich einen Friseurtermin ergattert. Zufrieden setzt sie sich die Gesichtsmaske auf. Im selben Moment parkt Teske mit seinem Golf neben ihr, den Mund-Nasenschutz bereits in Position.

Begrüßung mit den Ellenbogen, etwas ungelenk beide. „Hab einen Tisch draußen reserviert, Beate", sagt Thomas und hält ihr die Eingangstür zum Hotel *Birkenhof* auf.

Sie warten mit Abstand, bis die Gäste vor ihnen die Formalitäten erledigt haben, dann gehen sie zur Rezeption, wo eine ebenfalls maskierte Hotelangestellte Teske das obligate Dokumentationsformular zuschiebt, nachdem sie den Kuli desinfiziert hat. Thomas trägt seinen und Beates Vor- und Nachnamen, die Anschriften und seine Telefonnummer ein. Beide unterschreiben. Sie desinfizieren sich die Hände. Dann folgen sie dem maskierten Kellner, einem Schlaks, der schwarzes Lockenhaar zu einem Knoten am Hinterkopf zusammengezwirbelt trägt, durch den Wintergarten auf die Sommerterrasse, wo er ihnen den reservierten Tisch an der Wiesenseite zuweist. Wunderlich scannt mit geschultem Fahnderblick die gut besuchte Terrasse. An deren gegenüberliegender Seite schaut eine rotlockige Frau von einem Einzeltisch aus über die Speisekarte hinweg auf das Kommen und Gehen der Leute.

Thomas hält Beate den Stuhl hin, dann setzen sie sich, entledigen sich der Masken, atmen tief durch und lächeln einander zu.

Leises Klirren von Geschirr liegt über der Terrasse, hie und da ein Lachen. Im Halbkreis um sie herum beobachten sie einige Hotelgäste, deren Tische jeweils etwa zwei Meter voneinander entfernt stehen.

„Unser Wiedersehen, so sehr es mich freut, Thomas, das hätte ich mir ungezwungener vorgestellt", sagt Beate.

„Ich mir auch. Dennoch super, dass es endlich geklappt hat. Machen wir das Beste daraus."

Der Kellner bringt die Speisekarten und nuschelt unter seiner Maske: „Ein Aperitif vorweg?"

„Gerne. Was können Sie empfehlen?", fragt Teske.

„Cassis, schwarze Johannisbeere in Eiswürfel verpackt, dazu aromatische Rosmarinzweige, schmeckt nach Sommer", spult er Angelerntes ab.

Beate nickt und Teske bestellt.

„Schmeckt nach Sommer, da kann man nicht nein sagen", schmunzelt Beate und lässt den Blick über die Wiese kreisen, auf der letzte Sonnenstrahlen den warmen Maitag ausklingen lassen.

„Freue mich darauf, endlich mal wieder etwas Leckeres zu essen. Wegen Corona wochenlange Selbstversorgung zu Hause", beichtet Thomas und reicht Beate eine der beiden Speisekarten. „Entscheide du, bitte", meint er.

„Okay", flötet sie und überfliegt die Angebote.

Der Kellner serviert den Aperitif und beide stoßen „Auf einen schönen Abend" an.

„Er setzt sich freiwillig dem Risiko meiner Menüwahl aus", lässt sie den Kellner wissen, der ungeduldig gewartet hat. „Kartoffelschaumsüppchen mit Sellerie und Entenpflanzerl, was immer das ist, als Vorspeise", liest sie vor.

Der Kellner überhört die Frage. Thomas grinst. Beate fährt fort: „Anschließend Geschmorte Rinderbäckchen in Trüffelsud, dazu Wurzelgemüse und Kartoffel-Senf-Püree. – Und als Dessert *Der Kurze*."

Thomas zieht die Brauen hoch. Beate erläutert „Espresso, Vanilleeis und kalter Milchschaum".

Mit einem antrainierten „Sehr gerne!" und einer Speisekarte unter dem Arm entfernt sich der Kellner. Die zweite Karte hält Beate wie eine Konzertsängerin die Notenkladde vor die Brust und ergänzt: „Das Duett von Schweinebauch und Kalbsleber, serviert mit Kartoffelgulasch hab ich nun doch nicht riskieren wollen."

Thomas und ein sonderbares Paar, das zugehört hat, prusten los, wobei die junge Frau an der Gesichtsmaske nestelt, die sie auch hier draußen noch nicht abgestreift hat. Ihr Begleiter, möglicherweise der Vater, ein blassgesichtiger, hagerer Mittvierziger, daddelt mit zittrigen Fingern auf seinem Handy herum.

Beate legt nach: „Perlhuhnbrust mit Spitzkohlwickel, Nussbutter und fermentiertem Knoblauch ein andermal."

„Herrlich, ein aktueller und ein baldiger Silberstreif am düsteren Coronahorizont", kommentiert Thomas und prostet Beate erneut zu. „Haben wir doch tatsächlich vergessen ..." Er nickt dem Kellner zu, der gerade herschaut. „Eine Flasche ohne Gas bitte."

„Sehr gerne!", retourniert der.

Beate nickt: „Wir müssen ja beide noch Auto fahren. – Apropos Coronohorizont", sagt sie, „sagt dir der Name Corona Schröter was?"

Teske schüttelt den Kopf. „Nie gehört. Bin gespannt."

„Meine Chefin, ehemalige Germanistikstudentin und begeisterte Goethe-Leserin, hat mir einiges von dieser faszinierenden Schönheit erzählt. Und kürzlich haben wir uns ein *SWR-2*-Feature zu der Epoche angehört."

Thomas lehnt sich, die Arme verschränkt, zurück, schmunzelt und meint: „Bin gespannt, Beate."

Geduldig folgt er den Ausführungen.

„Ein Sündenpfuhl dieser Weimarer Musenhof, und unser Dichterfürst suhlte sich darin."

„Du hast gar nicht gefragt, warum ich dir das erzählt habe, Thomas", wundert sie sich.

„Warum? Es hat dir sichtlich Spaß gemacht. Das ist die Hauptsache."

Beate nickt, mit strahlenden Augen.

„Kommt mir alles irgendwie bekannt vor", sagt Theske. „Intrigen, Klatsch und Tratsch wabern in unserem kleinbürgerlichen Städtchen, gerade in angespannter Coronaluft ...",

„… und helfen uns Ermittlern hie und da durchaus, die eine oder andere Nuss zu knacken", unterbricht ihn Wunderlich und zwirbelt an der blondierten Haarsträhne. Abrupt gibt sie sich einen Ruck und sagt: „Mist, genau das wollte ich eigentlich nicht, ich meine hier und jetzt."

Thomas rückt nach vorne, nimmt ihre Hand und beruhigt: „Mach dir keinen Kopf. Geht mir auch so, wenn ich etwas ausbrüte."

Im selben Moment tischt der Kellner ungelenk das Kartoffelschaumsüppchen auf. Seine Guten-Appetit-Floskel übertönt ein Geräusch vom Nebentisch. Der Mann, der kurz zuvor noch herzhaft gelacht hat, fällt stöhnend seitwärts vom Stuhl, Schaum vor dem Mund, Muskelkrämpfe. Thomas Teske springt sogleich auf, stößt den Kellner zur Seite und kniet neben dem Mann nieder, beide natürlich ohne Mund-Nasenschutz. Beate Wunderlich stößt reflexhaft ihren Teller mit dem Kartoffelschaumsüppchen vom Tisch, das zwischen Scherben zerrinnt, und tippt Ziffern in ihr Handy. „Jörg, schnell zum *Birkenhof*! Auch Löwenbrück und Sanka."

Sie springt auf und ruft in die gespenstische Stille, die sich urplötzlich eingestellt hat, hinein: „Ich bin Oberkommissarin Beate Wunderlich. Bleiben Sie bitte an Ihren Tischen sitzen. Meine Kollegen, der Notarzt und ein Krankenwagen werden in wenigen Minuten hier sein."

Sie schaut seitwärts nach unten. Thomas Teske schüttelt den Kopf und bettet den Kopf des Mannes auf das Sitzkissen, das heruntergefallen ist. Die junge Frau tapst zur Seite und erbricht sich. Wenig später ist sie verschwunden. Vermutlich zur Toilette, geht es Beate durch den Kopf.

Der Hotelier taucht auf, die weißen Träger des Mund-Nasenschutzes über einem Satz roter Ohren: „Kann ich Ihnen helfen, Frau Kommissarin?"

„Ein Sichtschutz wäre hilfreich", sagt sie und zieht mit dem Finger einen Strich hinter den Nachbartisch.

„Wird gemacht", antwortet er beflissen und eilt durchs Restaurant. Kurz darauf wird eine Trennvorrichtung aufgestellt.

Minuten später, gegen achtzehn Uhr zehn ertönt das Martinshorn. Schmidt, Castor und Bachmann, der Teske flüchtig zunickt, lassen sich von Wunderlich über den Stand der Dinge in Kenntnis setzen. Dann verteilen sie sich zwecks Zeugenbefragung.

Der Notarzt und die Oberstaatsanwältin treffen zeitgleich gegen achtzehn Uhr dreißig ein, beide ebenfalls gesichtsmaskiert.

„Tippe auf Carbamatvergiftung, Frau Löwenbrück", raunt Doktor Giesen, über den Toten gebeugt.

Bachmann merkt auf. In den Tiefen seines Gedächtnisses klopft eine Erinnerung aus dem kriminologischen Seminar der Dozentin Schlösser an.

Der Doc richtet sich auf und schiebt mit der einwegbehandschuhten Rechten die Hornbrille, sein Markenzeichen, die auf die Nasenspitze gerutscht ist, zurück. „Ich denke, die Rechtsmedizin wird meinen Verdacht bestätigen."

Grundsätzlich wird sie es, abgesehen von einer nicht ganz unwichtigen Einschränkung. Bachmann ahnt es.

„Was macht Sie da so sicher, Doktor Giesen?", hakt die Staatsanwältin nach.

„Muskelkrämpfe, Speichelfluss, Erbrechen, Atemlähmung. Obendrein mein Bauchgefühl, jahrzehntelange Berufserfahrung."

Zu Oberkommissarin Wunderlich und ihrem Begleiter gewendet, fragt er und zeigt auf den Toten: „Hat jemand Kontakt mit ihm gehabt?"

„Thomas, du warst nahe dran, oder?"

„Aber kein Kontakt", stammelt er.

„Vorsichtshalber sollten Sie sich untersuchen lassen", rät Doktor Giesen, „man kann das Gift über die Haut aufnehmen."

Beate nickt Teske, der bleich im Gesicht ist, beruhigend zu. Dann schaut sie um sich und sagt: „Die Begleiterin des Toten. Ich werde mal auf der Toilette nachschauen."

Der Hotelier taucht mit einem Stapel Papier auf. Der Mann denkt mit, scheint der Augenaufschlag der zierlichen, dunkelhäutigen Staatsanwältin anzudeuten, deren exotisch anmutende Erscheinung in Jeans und dunkelblauer Windjacke auch dieses Mal wieder für einen Moment die Aufmerksamkeit der Anwesenden auf sich zieht. Sie fordert den Hotelier mit einem Nicken auf, die Identität des Toten preiszugeben.

„Doktor Johannes Goertz in Begleitung von Louise Göchhausen", sagt er und händigt Löwenbrück das unterschriebene Formular aus.

„Wo ist übrigens der Kellner, der uns und den Nachbartisch bedient hat?", fragt Teske, der sich Löwenbrück als Abendbegleiter Beate Wunderlichs vorgestellt hat, was sie mit einem Augenaufschlag kommentiert hat.

Sie gibt die Frage mit einem Blick zum Hotelier weiter.

„Giuseppe Cagliostro, Aushilfskellner seit heute. Ich werde mal nachschauen."

Kommissarin Wunderlich kehrt achselzuckend zurück. „Frau Göchhausen ist nicht mehr da."

Der Hotelier kehrt achselzuckend zurück. „Cagliostro ist nicht mehr da."

Soko-Chefin Schmidt ist hinzugetreten und merkt auf, als sie die Namen hört. „Da hat sich jemand einen üblen Scherz erlaubt."

„Wie das, Frau Hauptkommissarin?", fragt der Hotelier mit zittriger Stimme.

„Nun, drei Namen aus der Goethezeit, ich bitte Sie. Das sind Tarnnamen. Der selbsternannte Graf Cagliostro, ein italienischer Hochstapler namens Giuseppe Balsamo, bekanntester Magier des achtzehnten Jahrhunderts, Luise von Göchhausen, Gesellschafterin der Weimarer Herzoginmutter Anna Amalia, Johann Eustachius Graf von Goertz, der Erzieher ihres ältesten Sohnes, des Erbprinzen Karl August."

„Mit einer Goethe-Expertin in Polizeidiensten haben sie nicht gerechnet", sagt Löwenbrück anerkennend und mit einem Seitenblick zum Hotelier, der Maulaffen feilhält.

Sie tippt die auf dem Formular vermerkte Telefonnummer in ihr Smartphone und stellt auf Mithören ein: „Diese Rufnummer ist nicht vergeben."

Zur gleichen Zeit landet eine SMS auf Einsiedels Handy: *Maulwurf Goertz und damit den Auftrag erledigt; Göchhausen tat sich schwer.*
Tauche dann mal ab. Möchte nicht wie mein Namensvetter enden.
Cagliostro

Kapitel 29
Papageienhaus in Quarantäne

„Wir erleben gerade eine total bekloppte Zeitenwende", grummelt Bachmann, als sie am Montag, den fünfundzwanzigsten Mai gegen neun Uhr einsteigen, um zum *Papageienhaus* zu fahren und dort den Verdächtigen Erich Finger in Gewahrsam zu nehmen, „voller Paradoxien. Der Globalisierungsagent Corona verstärkt den Trend der Deglobalisierung. Ein schlichteres Beispiel: Vor Corona gab es Fußballspiele in leeren Stadien als Strafaktion, jetzt werden sie vollmundig als Erfolgsmodell in der Krise in Aussicht gestellt. Dabei ist die Luft raus aus dem Fußball."

„An Geisterspiele könnt ich mich gewöhnen", erklärt Lukas aufgeräumt.

„Quatsch, sieht aus wie Computerspiele", entgegnet Jörg, der den Wagen chauffiert, verkniffen. „Ich hab das Derby Gladbach gegen Köln vor dem Lockdown nach wenigen Minuten ausgeschaltet."

„Nö, nö, als Fußballästhet bekomme ich im Fernsehen endlich mal das Wesentliche mit – ungestört von nervigen Fangesängen. Wie schön hallen Traineranweisungen und das Geschrei der Spieler in der Weite der leeren Arena! Die Eleganz der Spielzüge ..."

„Quatsch, blutleeres Rasenschach ohne Emotionen", grätscht Jörg dazwischen. „Und überhaupt, da werden Testkapazitäten verballert, die mal besser in Alten- und Pflegeheimen zum Einsatz kämen. Nur damit den Clubs Fernsehgelder zufließen, mit denen sie ihre überbezahlten Kicker bei Laune halten."

„Du springst gerade auf einen Sündenbock, Jörg, um deine schlechte Laune zu kanalisieren."

Bachmann schickt einen strafenden Seitenblick auf Castor und gibt Gas. Dass Beates Geplänkel mit dem Pauker ihm nicht schmeckt, scheinen die Kollegen zu riechen. „Wir werden dem Finger gehörig auf dieselben klopfen", wechselt er das Thema und bremst vor dem *Papageienhaus* ab.

„Scheiße", grantelt Lukas unter seiner Gesichtsmaske, als sie den Aushang auf der verschlossenen Eingangstür lesen.

„Wegen Corona-Quarantäne bis zum achten Juni geschlossen, das Gesundheitsamt Simmern."

„Behördenabsprache Fehlanzeige", knurrt Bachmann.

Auf der Rückfahrt schneidet er bei einem riskanten Überholmanöver vor einer Kurve den Wagen eines älteren Herrn mit Hut. In der Folge erzählt Castor von Asterix in Italien, wo der Titelheld als Wagenlenker Coronavirus den Bösewicht gebe. „‚Der fährt keinen Kuschelkurs!', stellt Obelix fest, als Asterix in atemberaubendem Tempo einen Gegner abdrängt."

Bachmann steigt in die Eisen und aus dem Auto, wirft dem vorbeizockelnden Hutträger, der ihm mit grimmigem Gesicht und Stinkefinger droht, eine verächtliche Geste hinterher und herrscht Lukas an: „Wagenlenker Castor übernimmt!"

Kapitel 30
Brief an den Freund in Corona-Zeiten

Simmern, den 3. Juni 2020.
Es dünkt mich recht lang, mein teuerster Johannes, dass ich dir nicht mehr geschrieben habe. Liegt es daran, dass ich mir

vorkomme wie eine Corona Schröter, als ihr Geliebter Friedrich Einsiedel mit Herzogin Anna Amalia gen Italien aufbrach? Du erinnerst dich?

Nach den elend langen Monaten hoffe ich sehr, dich bald wieder auf Teneriffa besuchen zu können – falls Corona uns nicht erneut einen Strich durch die Rechnung macht; genauer gesagt, falls die Unvernunft vieler Corona nicht erneut befeuert. Die ersehnte Coronapause gibt es nicht. Vor dem Flug mit Maske und Abstandsfragezeichen habe ich Respekt, mein Liebster; aber das Risiko werde ich eingehen. Zu sehr fehlst du mir.

Ich will dir ein paar Eindrücke aus meinem Alltag berichten; was mich belastet, will ich nicht verschweigen. Auch in unser Ermittlungsteam hat sich das Virus heimtückisch eingeschlichen, nicht physisch, aber mental. Wir alle sind gereizter, wohl ein Grund, weshalb das Vertrauen unter uns gelitten hat. Jörg hat im aktuellen Fall unerklärlicherweise eine wichtige Information lange für sich behalten. Ähnliches ist mir passiert, ohne dass ich einen Grund dafür finde. Beate scheint mit einem neuen Freund zu liebäugeln, Berufskollege von dir übrigens. Jörg bedrückt das, was er, stolz, wie er nun mal ist, natürlich nie zugeben würde. Lukas spielt sich immer wieder mit seinem digitalen Mainstream-Wissen in den Vordergrund. Und die Karrierebesessenheit der Oberstaatsanwältin, die ich dir gegenüber des Öfteren erwähnt habe, geht uns allen gehörig auf die Nerven. Ich muss höllisch achtgeben. Unser Teamspirit darf nicht in der Coronawolke verdampfen. Gerade jetzt brauchen wir untereinander Vertrauen und Verlässlichkeit, da coronabedingte Angst und Regelbeachtung auf der Straße zunehmend in Wut um- und uns Polizisten entgegenschlagen. Ich mag mir gar nicht vorstellen, dass Corona uns nicht nur Monate, sondern vielleicht mehrere Jahre bedrängen und das öffentliche Leben beeinträchtigen könnte; schonungslos, wie Heinrich Heines „leichte Dirne".

Hoffnung?

Das Glück ist eine flotte Dirne,
kurz hier und schon an andrem Ort.
Ihr Duft betäubt, ja auch ihr Wort.
Benebelt fass ich an die Stirne.

Corona hat im Gegenteile
Finsteres im Sinn statt Eile.
In den Lüften sie flimmert,
Zerstäubt, betäubt – verglimmert?

Mein Liebster, nun habe ich dich mit meinen Problemen überhäuft, ohne zu fragen, wie es dir fernab ergeht. Was hat Corona mit euch gemacht? War Teneriffa eine Geisterinsel? Leere Strände, leere Bars, darüber blauer Himmel ohne Kondensstreifen? Lähmende oder gar lärmende Stille? Werden nach den aktuellen Grenzöffnungen bald wieder Touristen die Kanaren überschwemmen? Oder wird in einer Nach-Corona-Zukunft die Gesellschaft sich in abgeschottete Archipele auflösen, wo man wie in Ilmenau besser atmen kann?

Wie dem auch sei, Corona hat mir die Augen geöffnet: Leben ist mehr als Überleben. Klarheit ist das Befreiende meiner daraus folgenden Entscheidung – selbstredend bei Verlust von alternativen Optionen. Späte Einsicht, ich weiß.

Ich habe Angst vor Kontakt und sehne mich so nach deiner Nähe!

Ich schreibe all das für uns auf, mein Geliebter. Später wirst du mich fragen, was das Schicksalsjahr 2020 mit uns gemacht hat. Möglicherweise würde ich antworten: Hab's vergessen.

Bis bald, bleib gesund und behalte lieb
Deine Dich ewig liebende C.

Kapitel 31
Antwort von der Insel

Puerto de la Cruz, den 17. Juni 2020.
Wie habe ich mich über Deinen Brief gefreut, meine liebste Corinna! Deine Begeisterung für Corona, für Corona Schröter meine ich, hat mich angesteckt. Ich habe mich umgehend in die Weimarer Hofgesellschaft „hineingefressen".

Bei aller Biegsamkeit meines Wesens bin ich ein stolzer Mensch; der Grund davon mag Glaube an einigen inneren Wert, den ich nur kenne, sein. Deshalb bin ich dem hehren Anspruch des Guten, Wahren und Schönen von Wieland, Goethe, Herder, Schiller und anderer Weimarer Geistesgrößen mit Wohlwollen begegnet; allerdings bin ich durchaus misstrauisch und zweifelnd und drum wenig überrascht, dass Corona, ohne es zu beabsichtigen, deren Fassaden gründlich entzaubert, den Klassikerweihrauch beiseite gewedelt hat. Der schöne Schein zerbröselte vor dem Selbstbehauptungswillen dieser starken, aber in mancher Hinsicht auch gefährlichen Frau. Ich kann mir vorstellen, welche widersprüchlichen Assoziationen Dir, liebste Corinna, bei diesen Worten wohl durch den Kopf schwirren. Schnee von gestern, liebste Freundin!

Immer wieder hat Corona mit entwaffnender Direktheit die Hofetikette konterkariert; recht freihändig spielte sie auf dieser Klaviatur. Kunstsinnigkeit und Freiheitssehnsucht: An dieser ihrer gläsernen Wand prallten alle Annäherungen, alle Vereinnahmungsversuche ab.

Entzaubert hat Corona heutzutage die Hochglanzoberfläche einer verführerischen Konsumwelt, nicht unähnlich der höfischen. Du musst bei diesem Gedankenexperiment nur die in zweihundertvierzig Jahren aufgehäufte dekorative Spachtelmasse entfernen, liebste Corinna. Dann fällt es Dir wie Schuppen von den Augen: Unsere Gesellschaft ist die Pandemie. Woran hat sie sich vor Corona angesteckt? Wie wird ihre Zukunft sein? Was ist gegenwärtig zu tun?

Aha! Das soll reichen?

Karl Valentins Worten gemäß ist die Lage freilich nicht ganz hoffnungslos: „Es wird nicht so schlimm werden, wie es ist."

Immerhin, die geteilte Angst vor schwerer Erkrankung und Tod hat einige Monate ein für unsere individualistischen Gesellschaften erstaunliches Maß an kollektiver Disziplin hervorgebracht. Das habe ich auch in meiner Wahlheimat Teneriffa beobachtet. Ich frage mich, ob sich mit dieser Disziplin die diabolische Doppelnatur des Virus besiegen ließe, das mit seinen Opfern Russisch-Roulette spielt. Müssen wir uns vielleicht mit der ständigen Gefährdung durch virale Erreger arrangieren? All diese und noch mehr Fragen beunruhigen mich. Folglich bleibe ich zumeist vor Ort, wo Du mich hoffentlich bald besuchen wirst, der Himmel weiß wann.

Mir macht sonst meine Gesundheit keine Sorge. Aber der Humor leidet, der Mut leidet, man wagt nichts und traut sich nicht. Denn Corona ist eine physische, eine psychische, eine seelische und, wie Kanzlerin Merkel sagt, eine demokratische Zumutung. Anna Amalia wäre dieser Gedanke übrigens ebenso fremd gewesen wie ihrem Hofstaat, selbst nach der Revolution im fernen Frankreich.

Uns bleibt nichts anders übrig, als Doktor Freud zu befragen. Der ist manchmal klüger als Empirie, einerseits. Andererseits können wir Heutigen unser Handeln an wissenschaftlichen Erkenntnissen orientieren, immer eingedenk deren stets vorläufiger Gültigkeit.

Medientauglich ist das eher nicht, insbesondere nicht in einer Aushandlungs- und Konsensdemokratie. Ideologen und Verschwörungstheoretiker halten mit Faktenignoranz, grobschlächtigen Pseudoerklärungen, Sündenböcken dagegen. Sie hecheln nach symbolischen Bildern, um sich im kollektiven Hirn ihrer Anhänger zu verankern.

Das letzte Wort dazu soll deshalb Loriot haben: „In Krisenzeiten suchen Intelligente nach Lösungen, Idioten suchen nach Schuldigen."

Mein Kopf ist unruhig. Gedanken, die mich belasten, finden in meinem Umfeld wenig Gehör. Drum habe ich sie aufschreiben müssen, in meiner Einsamkeit sie Dir, liebste Corinna, gleichsam als geduldiger, stiller Zuhörerin aufgedrängt. Genug davon.

In Anlehnung an Erinnerungen des standeskritischen Journalisten Johann Daniel Falk, die er 1807, also posthum zu Ehren von Corinna Schröter verfasste, für Dich, meine Liebste, zwei Strophen. Deren Poesie möge die Prosa der Ausschweifungen, die sich in meinem Hirn tummeln, in den Hintergrund drängen.

Doch es fehlt allhier Corinna,
Aller Anmut reich,
Freundin mir und heitre Muse,
Beides mir zugleich.

Ja, Corinna, deine Stimme
Hör' ich überall,
An des Baches stiller Krümmung,
An dem Wasserfall.

Behalt mich lieb! DJ

Kapitel 32
Versöhnung

„Tut mir leid, dass euer Date im *Birkenhof* so tragisch beendet wurde", grummelt Jörg aus dem Liegestuhl und schaut nach oben, wo Gewitterwolken aufziehen.

„Echt jetzt?", gibt sich Beate, die den staubtrockenen Rasen im Garten besprüht, überrascht.

„Na ja, du hattest dich so darauf gefreut."

„Und dir war's egal, oder?"

„Nö, das nicht. Aber ich hab's dir gegönnt."

„Gönnerhaft! Deine coole Nummer kotzt mich an, Jörg!", fährt ihn Beate wie aus heiterem Himmel an.

„Echt jetzt?", fragt er grinsend, die Arme hinter dem Glatzkopf verschränkt.

„Genau das nervt mich an dir!", faucht sie und zielt unvermittelt mit der Spritzdüse auf ihn.

Im Nu sitzt ihr ein begossener Pudel gegenüber, der die Attacke aber mit einem prustenden Lachen quittiert, aufspringt, ihr den Schlauch entwendet und über den Kopf hält. Dann trägt er die wild gestikulierende und fauchende Beate auf kräftigen Armen ins Bad ...

„Wenn ich das in unserem Club erzähle ...", frotzelt er, als sie später entspannt im Garten sitzen und Kaffee trinken.

„Untersteh dich!", grantelt sie und trommelt ihm gegen die breite Brust. „Hättest du die Brusthaare nur auf dem Kopf ..."

„... sähe ich nicht aus wie Jonas Schmidt-Chanasit", grunzt er.

„Du meinst den Virologen?"

Jörg nickt grinsend.

„Keine Konkurrenz für dich", lacht Beate und schmiegt sich an ihn.

Corinnas Seitenhieb fällt ihr ein. Sie lächelt ihn weg, jetzt.

Kapitel 33
Ein Toter und ein Abschiedsbrief

Das jämmerliche Jaulen der Hündin Corona hat die Nachbarn alarmiert. Sie rufen den Notarzt. Er kann nur noch den Herzinfarkt Friedrich Einsiedels feststellen und den Totenschein ausstellen. Er informiert Hauptkommissarin Schmidt, die mit Wunderlich einrückt.

„Ein ehemaliger Kollege, Doktor Giesen", sagt sie, „gut, dass Sie uns sogleich in Kenntnis gesetzt haben."

Er zeigt auf die Visitenkarte mit ihrem Namen, die auf dem Tisch liegt.

„Tatsächlich haben wir Herrn Einsiedel unlängst wegen einer Zeugenaussage kontaktiert", erklärt Corinna. „Könnten Sie den Toten trotz Ihrer eindeutigen Diagnose ..."

„Das muss Frau Löwenbrück veranlassen", unterbricht er sie irritiert. „Sie haben Zweifel?"

„Sagen wir es so: Ich möchte etwas ausschließen."

Corinna bezweifelt intuitiv, dass Einsiedel einfach so eines natürlichen Todes gestorben ist. Sie ahnt, dass das LKA jemandem gefährlich werden kann, der ihm in die Suppe spuckt. Sie denkt an Schlösser.

„Sie werden Ihre Gründe haben", grummelt er, packt seine sieben Sachen und verabschiedet sich.

Die *Soko*-Chefin lässt sich in einem Telefonat mit der Oberstaatsanwältin die Anordnung der Obduktion bestätigen und weist den Fahrer des soeben eintreffenden Leichenwagens an, den Toten in die Pathologie der Uniklinik Mainz zu befördern.

Corona liegt apathisch in der Zimmerecke.

Kommissarin Wunderlich hat sich derweil in Einsiedels Büro umgesehen.

„Corinna, hör dir das an!", ruft sie und liest, als Schmidt herbeigeeilt ist, einen handgeschriebenen Brief vor.

„Bad Ems, Anfang März 2020
Mein herzlich geliebter Fritz!

Corona erledigt unsere Arbeit. Wer hätte das zu hoffen gewagt, mein ewig teurer, bester Bube! Sie haben es sich verdient.

Leider ist Corona nicht gerecht; es wird auch mich in Kürze dahinraffen. Mein Husten ist noch immer, wie er war, eher stärker als schwächer.

Es dünkt mich recht lang, dass ich nichts von Deiner lieben Hand erhalten habe, so taumelnd und träumerisch mir auch das Leben hier hingeht. Man führt ein recht einfältiges Leben, mein lieber Fritz, was mir nicht im Geringsten behagt, und es ist ein Glück, dass ich mir nicht den geringsten Spaß hier versprochen habe, sonst wäre ich gewaltig angeführt. Ich habe oft mit Wehmut an dich gedacht. Ich weiß nicht, welche unselige Abwesenheit des

Geistes und Verstandes mich die Einladung zur Kur annehmen ließ. Welch Verlangen habe ich, Dir zu sagen, teurer Fritz, welche ungeheure Freude mir ein letzter Besuch von Dir machen würde.

Ich bitte den Himmel, dass Dein Leben von recht langer Dauer sei! Bleib gesund und behalte lieb Deine Dich ewig liebende C.

Verzeih mir meine dauernde Untreue – sie war nie gegen Dich gerichtet.

C.K.

Beate sinkt in Einsiedels Bürostuhl und schaut die Chefin entgeistert an.

„Die Kraushaar hat in Corona-Schröter-Manier geschrieben", grübelt Corinna, hin- und hergehend.

„Was soll das?", fragt Wunderlich.

„Mm ... Jonglieren mit literarischen Identitäten vielleicht? Beziehungsspiel, Camouflage, Geheimcodes, was warum auch immer."

„Du meinst so 'ne Art Versteckspiel im Schutz der Fiktion literarischer Figuren, Corinna?"

„Genau. Es erlaubt uns geheime Wünsche, Begierden, Hoffnungen, aber auch Ängste und Sorgen zu adressieren. Und provoziert den, der sich angesprochen fühlt, unverstellt oder ebenfalls geschützt durch das Spiel zu reagieren."

„Corona hat jedenfalls jenseits ihrer lesbischen Beziehungen den Draht zum Ex Fritz Einsiedel nie abreißen lassen – und umgekehrt."

„Nicht nur das, Beate. Sie versichert ihn sogar ihrer dauerhaften Liebe, trotz untreuer Abwege. Was es nicht alles gibt in Beziehungsdingen", räsoniert Corinna und wirft einen Seitenblick auf Beate, die leicht errötet, sich dann aber räuspert, um trotzig anzufügen: „Da sind wir Heutigen gar nicht so weit von Goethes Weimarern entfernt, oder?"

„Corona erledige ihrer beider Arbeit, hat sie anfangs geschrieben", wechselt Schmidt zurück zum eigentlichen Thema.

„Klingt verdammt zynisch", zischt Wunderlich und schaut auf den Brief: „Sie haben es sich verdient. Sie? Verstehe ich nicht."

„Passt gleich gar nicht zu einer knallharten IT-Unternehmerin", rätselt Schmidt.

„Du meinst, Sie adressiere alle die, deren Lebensweise Corona mit ermöglicht hat, Corinna? All die Fleischfresser, Konsumfetischisten, Umweltzerstörer, Globalisierungsideologen und so weiter."

Die Chefin nickt und geht nachdenklich hin und her.

„Man kann es aber auch andersherum sehen. Wäre die heutige Corona eine gefeierte Künstlerin wie die Schröter zu Goethes Zeiten, die Rechten würden sie engagieren, koste es, was es wolle. Und nicht wenige Medien würden applaudieren. Perfiderweise wird sie bereits eingeheimatet, verschwörungsideologisch meine ich. Da bleibt nur zu hoffen, dass sie sich das nicht gefallen lässt. Man frage bei Boris Johnson in Downing Street nach."

„So zynisch kenne ich dich gar nicht, Corinna."

In Wunderlichs Bemerkung hinein ertönt *Melissa*.

„Mist", kommentiert Schmidt, „zu gerne hätte ich Einsiedel dazu befragt."

Sie zeigt die SMS-Nachricht von Kollege Castor her: *Telefon-Metadaten-Analyse der KTU: Armbruster kontaktierte am 30. März um 9 Uhr 26 Einsiedel.*

Kapitel 34
Corona-Erbschaft

Die Bewohner des *Papageienhauses* sind in vierzehntägiger Quarantäne. Der Mitbewohner Erich Finger, Blutgruppe A und Neandertal-Gen auf Chromosom drei, wurde positiv auf Corona getestet.

In der *Hunsrück-Klinik* verschlechtert sich sein Zustand, rapide. Er muss beatmet werden, zwangsbeatmet. Keine vierundzwanzig Stunden – dann Exitus.

Der einhundertundvierzehnte Todesfall eines an oder mit Corona in Rheinland-Pfalz Erkrankten vermerkt die Statistik der Gesundheitsämter des Bundeslandes.

Fingers Leichnam wird obduziert, Befund Leberzirrhose; dann eingeäschert. In der Leichenhalle des städtischen Friedhofs wird die Urne zwischengelagert, in der Hoffnung, dass sich zeitnah ein Angehöriger meldet, der die Todesnachricht im Wochenspiegel gelesen hat:

Nachruf
Wir trauern um unseren langjährigen Mitarbeiter Herrn Erich Finger, Oberinspektor des Finanzamts Simmern, der nach kurzer Krankheit unerwartet verstorben ist.
Seine gründliche und gewissenhafte Arbeit werden wir in Erinnerung behalten.
13. März 1987 – 9. Juni 2020
Die Urnenbestattung wird zu einem späteren Zeitpunkt stattfinden.

Bereits zwei Tage nach Veröffentlichung der Todesanzeige erhält Miriam Armbruster die notarielle Mitteilung, ein Testament des verstorbenen Erich Finger liege vor. Am 25.06.2020 möge sie zur Testamentseröffnung im Notariat Herrwagen in Simmern im Hunsrück erscheinen.

Sie wird offziell erfahren, was sie schon weiß: Sie ist Alleinerbin.

Kapitel 35
Soko Torso VII: mehr Fragen als Antworten

„Beide Tatverdächtige tot. Unfall beziehungsweise Corona-Virus waren schneller als wir. War Furtok der Täter oder doch der Finger? Wer von beiden hat die Tote filetiert?

Die Armbruster hatte ihre Karten mit im bösen Spiel. Davon sind wir überzeugt, können es aber nicht beweisen. Über allem schwebten die Machenschaften Einsiedels.

Der entglitt uns wie ein Aal. Dann hat ihn ein Infarkt dahingerafft, wie die Untersuchung seiner Leiche bestätigt hat. Letzte

Zweifel an dieser natürlichen Todesursache konnten allerdings nicht ausgeräumt werden.

Cagliostro und Göchhausen haben augenscheinlich Goertz liquidiert; wer immer sich hinter diesen Tarnnamen versteckt, sie sind abgetaucht, ohne Spuren zu hinterlassen. Nichts zu machen. – Wie Corona, nicht zu fassen.

Müssen wir die „Kopflos-Akte" tatsächlich schließen, obwohl so vieles noch unklar ist?", sagt die *Soko-Torso*-Chefin seufzend zu Beginn der Teamsitzung am zwölften Juni neun Uhr.

Die Fenster stehen auf Dauerlüftung.

„Indizien ja, aber keine Schuldeingeständnisse oder handfeste Beweise. Polizeiarbeit ist mitunter echt Mist", bringt Jörg Bachmann die Befindlichkeit der Teammitglieder auf den Punkt.

„Zumindest konnte der Giftmord aufgeklärt werden", meint seine Freundin. „Täter allerdings flüchtig."

„Da reibt sich manch einer die Hände", grummelt Lukas Castor.

„Oder manch eine", ergänzt Beate Wunderlich.

„Deshalb sollten wir den Kopf nicht in den Sand stecken!" Corinna schaut ihn aus großen Augen an. „Lukas hat recht", setzt sie drei Legowortbausteine hintereinander, „jetzt erst recht!"

Kapitel 36
Eine zweite Beerdigung

Simmern, Ende Mai 2020
Geht es mir jetzt besser? Nein. Aber es hat sein müssen.

Ich hasse unerledigte Fälle. Das zumindest konnte verhindert werden, ohne dass ich Hand anlegen musste. Furtok und Goertz. Habgier im Blaumann, Habgier im Saubermann.

James Bond J. B. sollte sich an früher erinnern.

Dankbarkeit erwarte ich nicht, Corona. Du bekommst eine würdige Grabplatte. Die hast du dir verdient. Ich bin sie dir schuldig. Und dann werde ich davor stehen, sitzen oder knien und es immer noch nicht verstehen. Ich zweifle, ob du es selbst verstanden hast.

Dann ist deine Zwillingsschwester über uns gekommen. Todbringend für dich. Bitterböse hat sie zugeschlagen.

Dennoch, der Kampf geht weiter.

So kann man sich irren, geht es Corinna durch den Kopf. Vor ihrem inneren Auge spult sich der Brief Einsiedels ab. *Deine Zwillingsschwester?*

Corinna vertraut sich ihrem Tagebuch an.

Simmern, Pfingstmontag, 1.6.2020.
Die böse Corona und der Schatten einer eigentlich guten Corona: zwei unsichtbare, heimtückische Gegnerinnen. Schmerzhaft habe ich es erfahren. Die Schatten-Corona Fiona von Ardenne hatte mir den Boden unter den Füßen weggezogen, aber auch Johannes. Drum ist er jetzt auf Teneriffa und ich, wo ich immer gewesen bin.

Die physische Corona trifft grenzüberschreitend ganze Kollektive. Sie läutet paradoxerweise unserer westlichen Individualitätskultur die Totenglocke. Diese Unkultur ist an ihr Ende gekommen. Das denke und hoffe ich doch sehr.

Beide Coronaseuchen entwickeln sich im Verborgenen, schleichen sich heran, gewöhnen sich an uns, wir aber nicht an sie; im Augenblick, da wir ihrer Fratzen ansichtig werden, verlachen sie uns. Die Stiche spüre ich noch heute.

Zwei verhängnisvolle Solistinnen, die sich nicht einhegen, nicht eingrenzen lassen. Drum sterben Menschen an gebrochenem Herzen oder verseuchten Lungen – oder an beidem.

Sind unsere physiologischen, aber auch unsere emotionalen und seelischen Immunsysteme beiden also letztlich nicht gewachsen? Ich weiß es nicht."

Einsiedels Brief lag auf seinem Schreibtisch, so, als solle er gefunden werden. Dem Geistlichen hatte sie ihn verschwiegen.

Pfarrer Simon deklamiert gerade: „Ein kleiner Trost, Fritz. Unser Willmeroder Todesacker wird dich, Friedrich Hildebrand

Einsiedel, beherbergen, beherbergen auf dem Platz neben Corona Kraushaar. Zu Lebzeiten war er dir auf Dauer leider nicht vergönnt.

Die Trostlosigkeit Ilmenaus wird euch beiden *Stairway to Heaven* für immer und ewig erspart bleiben."

Mit diesen versöhnlichen Worten schließt er seine Grabansprache. Die wenigen Teilnehmer der kargen Veranstaltung an diesem nebelverhangenen späten Vormittag halten einen Moment inne. Dann verdrücken sie sich mit nahezu verschämten Blicken; jedenfalls glaubt Corinna, die Augensprache über den Gesichtsmasken so deuten zu müssen. Urplötzlich schrickt sie aus den Gedanken auf. Als Letzter hat ein langer, dunkelhaariger Schlacks, schwarz maskiert, mit dem Schäufelchen Erde auf den Sarg geschüttet. Er verharrt dort einen Moment länger als die anderen, dann dreht er sich um und schaut ihr in die Augen. Intuitiv erinnert sie sich an Beates Beschreibung des Kellners Cagliostro. Als sie aus der Schockstarre, die sie für einen Moment ergriffen hat, auftaucht, ist er weg.

„Herr Pfarrer, der hochaufgeschossene junge Mann, der als letzter am Grab Abschied genommen hat, wer war das?", fragt sie Simon, der mit gefalteten Händen abstandsgemäß neben dem Grab verweilt hat.

Simon lässt sich mit der Antwort etwas Zeit. Dann sagt er, jedes Wort betonend: „Der Sohn von Fritz Einsiedel."

„Der Sohn von Friedrich Einsiedel?", entfährt es der Kommissarin.

„Marc Sebastian Kraushaar, der Sohn, den Corona Kraushaar vor achtzehn Jahren geboren hatte, gerade einmal sechzehnjährig. Niemand wusste davon. Fritz hat es mir wenige Tage vor seinem Tod gebeichtet."

„Wissen Sie Genaueres?", fragt Schmidt nach.

„Eine lange Geschichte, romanreif, Frau Kommissarin", raunt der Pfarrer. „Kommen Sie morgen gegen zehn Uhr bei mir vorbei. Ich werde sie Ihnen erzählen. Fritz hat mich darum gebeten."

Kapitel 37
Romanhafte Coronabiografie

„Er habe Corona gerettet, damals, an einem verregneten, kühlen Tag Ende Februar. Wie eine streunende Hündin, herren- und schutzlos, habe sie, auf Gondershausens Friedhofsmauer kauernd, ihn flehentlich angeschaut. Er hatte, wie das im Dorfleben nun mal üblich ist, an der Beerdigung einer kürzlich zugereisten alleinstehenden Frau teilgenommen und Corona beim Hinausgehen wahrgenommen. ‚Komm mit!', habe er zu ihr gesagt und sie sei ihm gefolgt."

„Einfach so?", fragt Kommissarin Schmidt, die dem Pfarrer gegenübersitzt, ungläubig.

„Einfach so", antwortet Simon achselzuckend. „Tagelang habe sie geschwiegen. Er habe sie mit dem Notwendigsten versorgt, sie ansonsten in Ruhe gelassen. Nur zu den Mahlzeiten sei sie aus ihrem Zimmer aufgetaucht. Nach etwa einer Woche habe sie beim Abendessen zu reden begonnen."

„Da bin jetzt aber wirklich mal gespannt", sagt Corinna und kräuselt die Stirn.

„Sie sei vierzehn Jahre alt, komme aus Köln und die Tote, die auf dem Gondershausener Friedhof beerdigt wurde, sei ihre Mutter."

Simon schaut zu Corinna hin, die Augen macht.

„So ist es mir auch ergangen", erklärt der Pfarrer. „Ihre Mutter sei sterbenskrank gewesen und habe sich deshalb ohne Vorankündigung verabschiedet. Nach einer Woche sei ein Brief bei ihnen eingetroffen, in dem sie erklärt habe, sie wolle weder Mann noch Tochter zur Last fallen. Man solle nicht nach ihr suchen. Man werde sie nicht finden. Nach ihrem Tod werde man sie benachrichtigen."

„Glauben Sie diese Geschichte, Herr Pfarrer?", rätselt Corinna.

Simon steht auf, entnimmt dem Kühlschrank eine Wasserflasche, befüllt zwei Gläser und reicht der Besucherin eines. Nach einem tiefen Schluck geht er in Gedanken versunken hin und her, dann bleibt er vor Corinna stehen und sagt: „Ja. Ihr Vater, der eine führende Rolle in einer Partei innehatte, sei wenig später bei einem Autounfall ums Leben gekommen. Geschwister habe sie keine, auch keine Verwandten. Als am Tag nach der Beerdigung des Vaters die Nachricht vom Tod der Mutter eingetroffen sei, habe sie sich auf den Weg nach Gondershausen gemacht."

„Also tatsächlich ein Mädchen mutterseelenallein auf weiter Flur", raunt Corinna kopfschüttelnd. „Und Einsiedel hat sie wie eine herrenlose Hündin einfach so bei sich aufgenommen?"

Simon setzt sich und fährt fort: „Friedrich Einsiedel hat mir versichert, alles, was ihm Corona erzählt habe, entspreche der Wahrheit. Er habe das überprüft. Das Mädchen sei bei ihm geblieben und – ich fasse mich kurz und beschränke mich auf die Fakten – eineinhalb Jahre später sei er mit ihr intim gewesen, ein einziges Mal."

„Ein Mal zu viel, vermute ich."

Simon nickt. „Als Corona ihm von der Schwangerschaft erzählte, habe er kurz entschlossen den Dienst bei der Polizei gekündigt. Der neue Job bei einer Sicherheitsfirma habe ihm die nötige Freiheit verschafft, seiner neuen Verantwortung gerecht zu werden. Für ihn völlig überraschend und nicht nachvollziehbar habe sich Corona zwei Jahre später mit dem gemeinsamen Sohn von ihm verabschiedet und ihn gebeten, keinen Kontakt zu ihnen zu suchen. Er habe das akzeptieren müssen, sie aber finanziell weiterhin großzügig unterstützt."

„Ein Vater akzeptiert, dass sich die Mutter mit dem zweijährigen Sohn mir nichts dir nichts davonstiehlt? Das glaube ich nicht."

Wieder kann Simon nur mit einem Achselzucken antworten, um dann nachzureichen: „Corona habe ihm regelmäßig geschrieben. Wie zur Beglaubigung hat er mir einen Brief zu lesen gegeben, der mich sehr berührt hat." Simon fährt sich mit dem Handrücken über die Stirn.

„Die Briefe habe er aufbewahrt, um sie später dem Sohn zu geben. Der sei an seinem sechzehnten Geburtstag bei ihm aufgekreuzt und habe ihn seither regelmäßig besucht."

„Wahrlich Stoff für einen Roman", meint Corinna und atmet tief durch.

„Ach, einen Puzzlestein kann ich dem Romanstoff noch hinzufügen, wenngleich der, wie mir scheint, eher eine Blackbox ist."

Schmidt, schon im Aufstehen begriffen, setzt sich wieder und zieht die Brauen hoch.

„Marc Sebastian habe, ohne davon zu wissen, eine ältere Halbschwester, aus einer anderen Beziehung also, hat Fritz Einsiedel mir abschließend gebeichtet. Aber mehr wolle er keineswegs preisgeben."

Kapitel 38
Soko Torso **VIII: neue Verdächtige**

Am nächsten Tag berichtet die *Soko-Torso*-Chefin Beate und Lukas, was Pfarrer Simon erzählt hat. Das Erstaunen ist groß. Vor allem der vage Hinweis auf eine Halbschwester des Einsiedelsohns schreibt Fragezeichen in die Augen der Ermittler.

Jörg schneit verspätet herein und muss sich mit der Kurzfassung zufriedengeben. Dann lässt er die Bombe platzen.

„SMS auf Einsiedels Handy. Die KTU konnte die Message rekonstruieren. Das werdet ihr nicht glauben." Er macht die bachmanntypische Spannungspause, dann legt er los:

Maulwurf Goertz und damit den Auftrag erledigt; Göchhausen tat sich schwer.

Tauche dann mal ab. Möchte nicht wie mein Namensvetter enden.

Cagliostro."

„Der Hammer!", entfährt es Lukas. „Marc Sebastian Kraushaar alias Guiseppe Cagliostro hat mit Einverständnis oder im Auftrag seines Vaters Friedrich Einsiedel den Maulwurf Doktor Johannes Goertz liquidiert und ist dann abgetaucht?"

„Einsiedel kannte die Tarnnamen. Vater und Sohn rächen den vermeintlichen Mord an der Mutter, Corona Kraushaar", legt Beate nach. „Jetzt müssen wir nur noch herausfinden, wer die Göchhausen ist."

„Jörg, lass Marc Sebastian Kraushaar zur Fahndung ausschreiben", ordnet Schmidt an. „In Sachen Göchhausen habe ich eine Idee. Warum bin ich nicht früher darauf gekommen?"

Sie schickt Pfarrer Simon eine SMS und erhält prompt eine Antwort-SMS, die sie vorliest: *„Marc Sebastians Freundin heißt Luise Kneip. Sie wohnen zusammen in Mainz, wo beide Chemie studieren.*

Beate gibt den Namen Luise Kneip bei Facebook ein und wird fündig: „Das ist die Göchhausen", erinnert sie sich an die Begleiterin von Doktor Görtz.

„Dann werde ich mal eine Doppelfahndung lancieren", erklärt Jörg.

„Chemiestudenten wissen mit Giftstoffen umzugehen", grummelt Lukas, „wenn ich euch dazu etwas …"

„Ein Kluger bemerkt es, klugscheißert aber nicht darüber", fährt Bachmann ihm dazwischen.

Kapitel 39
Rätselhafter Abschiedsbrief

Corinna findet wenig später ein Kuvert auf dem Schreibtisch ihres Büros vor, adressiert an die Leiterin der *Soko-Torso*, Hauptkommissarin Corinna Schmidt. Kein Absender. Sie setzt sich und öffnet den Brief.
Sehr geehrte Frau Hauptkommissarin Schmidt,
Unheil verkündende Wörter haben Einzug in unseren Wortschatz gehalten. Einigen Sie sich in Ihrem Team auf
d a s Corona-Wort des Jahres 2020.
   Meine beiden Favoriten sind Schlüssel zur Lösung der Fälle, die Sie zur Zeit beschäftigen. In der Sache kämen Sie weiter, wenn Sie mein Top-Corona-Wort identifizieren könnten.
   Einmal Kommissar, immer Kommissar.
   Ihr Friedrich H. Einsiedel, Mai 2020

PS: Die Corona-Lupe vergrößert die Stärken, vor allem aber die Schwächen unserer Welt. Letztere hat ein unsichtbares Virus sichtbar gemacht. Was wird unter dessen Brennglas verglühen? Die Wahrheit.

Corona-Alphabet oder: Was alles zu schließen ist, was ins Auge sticht, was unter die Haut geht, was auf der Strecke bleibt ...
- *Altenheime, Aha-Empfehlungen*
- *Bordelle, Burgen*
- *Cafés, Chöre, Containment Scouts*
- *Corona-Denunzianten, -Garagen, -Gehorsam, -Kinder, -Leugner, -Lockdown, -Patrouille, -Rebellen, -Scheidungen, -Shutdown, -Update, -Zeitalter*
- *Coroner, US-Beamter, der plötzliche und unter verdächtigen Umständen eingetretene Todesfälle untersucht*
- *Corontäne, Covidisten, Covidioten*
- *Dome, Drive-in-Clubs, Durchseuchung*
- *Europa, Erntehelfer, Entschleunigung*
- *Fitnessstudios, Friseursalons, Freizeitparks*
- *Gaststätten, Geisterspiele, -beerdigungen, -beziehungen*
- *Hofvirologen, Hotels, Handy-Tracking, Homecoming-Garantie, Homeoffice, Homeschooling, Hustenetikette*
- *Immunisierung, Infodemie*
- *Job-Keeper-Prämie, Jobcenter*
- *Kinos, Kirchen, Kneip(en), Konzert, Kreuzfahrtschiff, Kitzloch*
- *Letalität, Lockdown(müdigkeit)*
- *Maskenpflicht, Messen, MeWork-Hotelzimmer, Möbelhäuser, Museen, Musicals*
- *Nachbarn, Nagelstudios, Nullpatient*
- *Opernhäuser, Öffnungsdiskussionsorgien (Merkel)*
- *Paläste, Piercingstudios, Pandemie, Pop-up-Radwege, Präventionsparadox*
- *Quarantäne (-Akzeptanz, -Verweigerer)*
- *Restaurants, Reproduktionszahl*

- *Schlösser, Schwimmbäder, Spielplätze, Spuckschutz, Stadien, Social Distancing, Sterbeüberschuss, Superspreader*
- *Toilettenanlagen, Tattoostudios, Theater, Triage*
- *Umnutzung vorhandener Medikamente, Übersterblichkeit*
- *Varietés, Virenschleudern, Virologen, virtuelle Krankenhäuser, Vermummungsgebot, vulnerable Gruppen*
- *Wellnessanlagen, WirBleibenZuHause*
- *Yoga-Praxen*
- *Zahnarztpraxen, Zoos, Zoom-Fatigue, ZuHauseBleiber*

Kapitel 40
Grausige Entdeckung

Schmidt ruft Bachmann im Vorbeigehen zu, er möge sie begleiten. Sie startet den Wagen und setzt den Kollegen, der eilends gefolgt ist, über ihre Vermutung in Kenntnis. Jörg überfliegt die Einsiedel-Wortliste, nickt und schlägt sich mit der Hand gegen die Stirn.

Sie parken im Innenhof des *Papageienhauses*.

Erich Fingers Garage ist dieses Mal abgeschlossen. Bachmanns Allzweckwaffe funktioniert aber auch hier. Die beiden Kommissare quälen sich an dem schwarzen Golf vorbei und inspizieren die Regalwand. Sie lässt sich zur Seite schieben und gibt den Blick frei auf einen dreistufigen Treppenabsatz, der zu einer verschlossenen Metalltür führt. Die lässt sich mit Bachmanns Superschlüsseln allerdings nicht öffnen.

Als die herbeigerufenen Kollegen der KTU anrücken, hat die *Soko*-Chefin beim Hausverwalter des Wohnblocks neben dem *Papageienhaus* in Erfahrung gebracht, dass die Garage zu der Eigentumswohnung einer Frau Gerda Hammen gehört, einer Tante des Erich Finger, die seit einem Jahr im *Dr. Theodor-Fricke-Altenpflegeheim* in Simmern wohne. Die Dame sei hochgradig dement. Der Herr Finger habe immer nach dem Rechten gesehen. Nun sei der ja verstorben. Er, der Hausverwalter, habe aber keinen Zweitschlüssel zu der Hammen-Garage.

Den Kollegen gelingt es mühelos, die Tür zu öffnen, die Tür zu dem grausigen Ort, an dem Finger die Leiche der Corona Kraushaar zerstückelt hatte.

Anschließend lassen sich die Fahnder vom Verwalter die Wohnung der dementen Tante Gerda Hammen im Nachbarhaus öffnen. Nichts erinnert mehr an die alte Dame, alles entrümpelt. Leere Räume. Nur in einem abgedunkelten Zimmer ein PC und eine unsägliche Horror-Picture-Show.

„Die Google-Anfrage nach kopflos am Tatabend?", munkelt Bachmann.

„Könnte sein", sagt Corinna und informiert die Kollegen der KTU über den Hintergrund von Jörgs Vermutung. „Euer Part!", ordnet sie an.

Im engen, dunklen Flur der *Papageienhaus*-Wohnung Fingers stolpert Bachmann fast über eine Rattenfalle. In Fingers Schlafzimmer liegt auf dem Nachttischschränkchen eine zerlesene Ausgabe der Pest von Camus neben einer leeren Flasche *Talisker*.

Im Wohnzimmer finden sie einige interessante Medien: eine DVD mit Fritz Langs *M – Eine Stadt sucht einen Mörder* aus dem Jahr 1931; der Film fuße auf den Untaten des Vampir genannten Serienmörders Peter Kürten, lässt das Cover wissen. Hanno Parmentiers Biographie dieses Serienmörders liegt aufgeschlagen daneben.

Noch aufschlussreicher hinsichtlich der Tatmotive ist eine makabre Art von Tagebuch: Erich Fingers tägliche Demütigungserfahrungen, die er seit Jahren eingetragen hat; je nach erlebter Schwere hat er sie mit Bewertungspunkten und mit Bestrafungen versehen.

Beispiele aus der jüngeren Zeit und seinem Wohnumfeld:

Die geile Corona Kraushaar hat mich heute erneut „Verklemmter Spanner!" genannt. Minus sechs. Ich sollte sie einen Kopf kleiner machen.

Der versoffene Faust hat schon wieder frühmorgens vor meine Haustür gekotzt. Minus zwei. Ich werde ihm mit der Kündigung drohen.

Eitel-Rück stolziert mit einem „Geiler Spießer!" an mir vorbei. Minus eins. Ich werde ihr eine Drohmail schreiben.

Corinna erinnert sich an ein kriminologisches Fortbildungsseminar. „Der sadistische Serienmörder Peter Kürten wurde 1930 zum Tode verurteilt und hingerichtet", berichtet sie dem Kollegen. „Kürten bekam den Spitznamen ‚Vampir', weil er in Vernehmungen angab, das Blut mehrerer Opfer getrunken zu haben. Den abgetrennten Kopf untersuchten Forscher. Sie wollten eine Erklärung für Kürtens Grausamkeit finden."

„Und mussten feststellen, dass sein Gehirn wie jedes andere aussah, oder?", vermutet Bachmann.

„So ist es, Jörg,"

Kapitel 41
Verhör zweier Tatverdächtiger

Die per internationalem Haftbefehl gesuchten Marc Sebastian Kraushaar alias Guiseppe Cagliostro und Luise Kneip alias Göchhausen werden auf dem Luxemburger Flughafen, einem der wenigen mit lebhaftem Flugbetrieb, festgenommen und zwecks Erstvernehmung zur Polizeiinspektion nach Simmern gebracht. Es ist Montag, der zweiundzwanzigste Juni, vierzehn Uhr dreißig.

Mit dem Tod des Doktor Goertz hätten sie nichts zu tun, behaupten sie. Der habe sich unwohl gefühlt. Weshalb er im *Birkenhof* bei Tisch zusammengebrochen sei, das sei ihnen ein Rätsel.

„Zufall, dass Sie mit Doktor Goertz just in dem Hotel zum Abendessen erschienen, in dem Ihr Freund Marc Sebastian selbigen Tags erstmals als Aushilfskellner arbeitete, Frau Kneip?", fragt Wunderlich.

„Kein Zufall. Gerade weil Marc dort seinen ersten Arbeitstag hatte."

Auf das Fragezeichen in den Augen der beiden Kommissarinnen antwortet die Beschuldigte: „Kennen Sie in der Umgebung ein besseres Restaurant?"

„Und warum die Tarnnamen, Frau Göchhausen?", kommt die Frage Corinna spitz über die Lippen.

„Unsre Antwort auf eine alberne Vorschrift in Sachen Coronaschutz, Frau Hauptkommissarin", ist Kneip um eine Antwort nicht verlegen.

„Mit einer sinnvollen Anordnung in Krisenzeiten so umzugehen ist weder albern noch ein Kavaliersdelikt", kontert Schmidt, „aber das ist nicht unser Thema, Frau Kneip. Warum die historischen Tarnnamen aus der Goethezeit?"

„Oh, Frau Kommissarin kennt sich aus", spöttelt Kneip.

„Wir haben uns im genealogischen Umfeld von Marcs Vater und dem Vornamen seiner Mutter umgesehen und uns einen Spaß mit den Namen, die da auftauchen, gemacht. So what?"

„Da passte der Doktor Goertz ja gut ins Bild."

„Gut nicht, aber ja. Ich hab gerade bei ihm ein Praktikum begonnen. Kann von ihm einiges lernen, äh – hätte können."

„Mm", klinkt Wunderlich sich in das Verhör ein, „warum haben Sie und Ihr Freund schleunigst die Platte geputzt, um abzutauchen?"

„Na, wir haben unisono befürchtet, dass man unseren komödiantischen Auftritt missverstehen könnte."

„Aha?"

„So ist es ja dann auch gekommen. Säße ich sonst hier?", begehrt sie auf.

„Sie sitzen hier, weil wir Sie verdächtigen, gemeinsam mit Ihrem Freund Marc Sebastian Kraushaar den Doktor Goertz vergiftet zu haben", entgegnet ihr die *Soko*-Chefin mit fester Stimme.

„Lächerlich!", entfährt es der Beschuldigten.

„Flughafen Luxemburg? Auch lächerlich?", springt Wunderlich ihrer Chefin bei.

„Kurzurlaub", grummelt Kneip.

„In Corona-Zeiten? So leichtfertig können selbst Sie nicht sein", entgegnet die Kommissarin.

„Sie haben Ihrem Namen alle Ehre gemacht, Herr Cagliostro", frotzelt Lukas Castor, „allerdings endet die Flucht recht früh."
„Dank Ihres inquisitorischen Einschreitens, Herr Kommissar."
„Sie waren am Grab Ihres Vaters, Herr Kraushaar. Ich habe Sie da beobachtet", übernimmt Bachmann. „Mein Beileid. – Sie wirkten sehr gefasst und sehr entschlossen."
„Wenn Sie das sagen", sagt er mit brüchiger Stimme.
„Ihr Vater ..."
„Ja?"
„Ihr Vater ... Vergessen Sie's!"
Unvermittelt schießen dem jungen Mann Tränen in die Augen.
Ungerührt schiebt Bachmann ihm das Smartphone über den Tisch zu: „Lesen Sie!"
Maulwurf Goertz und damit den Auftrag erledigt; Göchhausen tat sich schwer.
Tauche dann mal ab. Möchte nicht wie mein Namensvetter enden.
Cagliostro
„Das ist ein Tateingeständnis, Herr Kraushaar. Das müssen Sie uns schon erklären!"
Der junge Mann schluckt, dass sein Adamsapfel hüpft. „Ich erkläre gar nichts. Mein Anwalt, bitte!"
Bachmann schiebt ihm das Diensthandy zu und der Beschuldigte kontaktiert Rechtsanwalt Kafra, der zusagt, in Kürze zu erscheinen.
„Der Betrüger und Hochstapler Cagliostro endete, um Ihr Wort aufzugreifen, Herr Kraushaar, der endete im Knast, wo er verstarb", referiert Castor und Bachmann ergänzt: „Als Ketzer zum Tode verurteilt und 1791 zu lebenslanger Haft begnadigt."
„Beeindruckend", kommentiert Marc Sebastian Kraushaar.

Kapitel 42
Blamage der Ermittler

Während Anwalt Kafra sich mit seinen Klienten berät, tauschen sich die *Soko*-Mitglieder untereinander aus.

„Also, kaltblütige Killer sehen anders aus", grummelt Castor und fährt sich mit der Linken durch die schwarzlockige Mähne.

„Die beiden wirken eher wie spätpubertierende Teenager", bläst Wunderlich in dasselbe Horn.

„Dennoch stehen Sie unter Tatverdacht, da beißt die Maus keinen Faden ab", beharrt Bachmann hartnäckig.

Soko-Chefin Schmidt ist aufgestanden und tigert hin und her. Dann bleibt sie vor ihren Teammitgliedern stehen, stützt die Hände auf der Tischplatte ab und meint: „Ich glaube nicht, dass sie den Doktor Goertz vergiftet haben. Selbst wenn einiges dafür spricht. Irgendetwas haben wir übersehen."

Die Kollegen, die lange genug mit Corinna als Chefin zusammengearbeitet haben, wechseln Blicke.

Mit dem unguten Gefühl, dass sie recht haben könnte, begleitet Bachmann Schmidt zum Gespräch mit Kafra und seiner Klientel.

„Sie erheben den ungeheuerlichen Vorwurf, meine Mandanten hätten Doktor Johannes Goertz vergiftet", giftet Rechtsanwalt Kafra, der mit den jungen Klienten im kahlen Besprechungsraum der Simmerner Polizeidienststelle den Ermittlern gegenübersitzt.

„So ist es, Herr Kafra", antwortet Hauptkommissarin Schmidt.

„Und dafür haben Sie Beweise?"

„Beginnen wir mit den Tarnnamen."

„In Corona-Zeiten nicht ungewöhnlich."

„Ich bitte Sie, Herr Kafra!", grummelt Bachmann.

„Max und Moritz, Angela Schmidt und Jörg Scholz ..."

„Segeln Sie nicht unter Ihrem eigenen Niveau, Herr Anwalt", grantelt Bachmann.

„Ich wollte Ihnen nur auf die Sprünge helfen", kontert Kafra.

„Geschenkt", schaltet Schmidt sich ein, „erklären Sie uns lieber, warum Ihre Mandanten mir nichts dir nichts verschwanden und abtauchten."

„Schlechtes Gewissen …"

„Liegt auf der Hand", unterbricht ihn Bachmann mürrisch.

„Nein, nicht was Sie denken, Herr Oberkommissar, der Tarnnamen wegen natürlich", meint Kafra grinsend.

„Natürlich", echot Schmidt. „Aha! Und auf dem Luxemburger Flughafen des Urlaubs in Corona-Zeiten wegen."

„Welches Interesse sollten meine Mandanten übrigens haben, Doktor Goertz zu vergiften?", ignoriert der Anwalt Schmidts Einwurf.

„Sagen wir mal … Rache?"

„Das müssen Sie mir erklären, Frau Hauptkommissarin", prustet er mit einem gespielten Lacher los.

„Der hochverschuldete Doktor Goertz hat Frau Kraushaar des Geldes wegen verraten", legt Corinna die Karten auf den Tisch.

„Und das können Sie beweisen?", fragt er lauernd.

„Das werden wir, Herr Kafra. Seien Sie versichert, das können und werden wir."

„Werden heißt, zur Zeit fehlen Ihnen die Beweise, oder?"

„Chemiestudenten wissen, mit Gift umzugehen", umschifft Bachmann die nachdrückliche Frage und springt der Chefin bei.

„Chemiestudierende", schaltet Luise Kneip sich ein, die wie ihr Freund bislang geschwiegen hat, wohl auf Anraten des Anwalts.

„Das hoffe ich doch", grätscht Bachmann dazwischen, „es gibt schließlich 'ne Menge nichtstudierender Studenten, wie man hört."

„Kleiner Beweis, Herr Kommissar", kommt es Marc Kraushaar spöttisch über die Lippen,

„Nur zu!", drängt Bachmann.

„Ich tippe auf Carbamatvergiftung", erklärt der junge Mann und ein süffisantes Lächeln umspielt seine Lippen, als er den Blickwechsel der beiden Ermittler registriert. „Dachte ich mir."

„So, so", knurrt Bachmann.

„Sehen Sie, die Wirkung dieses Gifts passt nicht zu dem, was auf dem *Birkenhof* passiert ist."

Die *Soko*-Chefin zieht die Brauen hoch.

„Ich meine die Zeit zwischen Einnahme des Gifts und der finalen Reaktion, Frau Kommissarin. Aber das werden Ihnen die Experten ja wohl schon erklärt haben, oder?"

Als er Fragezeichen in den Augen der Ermittler sieht, legt er nach: „Ich jedenfalls habe das bei einem LKA-Praktikum Kriminaloberrätin Schlösser auf deren Nachfrage hin erläutert."

Bachmann spitzt die Ohren, auch Schmidt.

„Und wie erklären Sie sich die SMS: Maulwurf Goertz und damit den Auftrag erledigt?", grantelt Bachmann, wobei sein linker Mundwinkel sich nach oben zieht.

„Sie behaupten allen Ernstes, die habe mein Mandant verschickt!", braust Kafra auf, als Marc Kraushaars Blick Rat sucht.

„Unsere Experten werden das rekonstruieren, darauf können Sie sich verlassen", blafft Bachmann.

„Wer bellt, hat Unrecht", kontert Kafra. „Obendrein ein kleiner intellektueller Fingerzeig, Herr Oberkommissar: Kein Täter, schon gar kein jugendlicher Täter würde einen Tathinweis simsen, der noch dazu in ein Zeugma eingekleidet ist. Da hat jemand sprachlich etwas zusammengeschustert, das zum Himmel stinkt."

In die verblüfften Gesichter der Ermittler hinein verkündet Kafra dann salopp: „Wir verabschieden uns. Sie haben nichts gegen meine Mandanten in der Hand, absolut nichts! Bis hoffentlich nicht so bald."

Kapitel 43
Konspiratives Treffen

Jörg Bachmann trifft sich am vierundzwanzigsten Juni frühmorgens an einem geheimen Ort mit Bert Joheis, einem LKA-Kommissar, mit dem er als junger Polizeianwärter die Bank der Polizeifachhochschule Hahn gedrückt hatte. Sie hatten sich damals gut verstanden, sich danach aber aus den Augen verloren. Nach etlichen Telefonaten in den letzten Wochen erhofft Bachmann sich Aufklärung in Sachen Schlösser.

„Knallharte Leiterin der Abteilung Cyberkriminalität, mehr gefürchtet als geachtet, ein Kontrollfreak wie aus einem Psycho-Handbuch", gibt Joheis zum Besten. „Zum Glück nicht meine Vorgesetzte."

„Und Goertz?", fragt Bachmann.

„Top-Informatiker, wie man intern gehört hat, charmant, leutselig, also kein Nerd. Aber – nicht selten sei er morgens in völlig desolatem Zustand erschienen, möglicherweise direkt aus dem Spielcasino, sein zweites Zuhause, wenn es denn ein erstes gegeben habe."

„Und die Schlösser hat ihm das durchgehen lassen?"

„Anscheinend ihre offene Flanke, Jörg", raunt Bert.

„Also eine Win-win-Situation?"

„Bis er Schlössers finanziellen Einsatz verzockt hat. Zumindest wird das so kolportiert."

„Da hat er sich aus dem Staub gemacht. Nicht sonderlich riskant für einen Informatiker. Kraushaars Angebot spielte ihm in die Karten ...",

„... und brachte Schlössers privates Kartenhaus zum Einsturz", schlussfolgert Joheis. „Und das wenige Jahre vor der Pensionierung."

„So könnte es gewesen sein", murmelt Bachmann und fährt sich mit der Linken über die Glatze.

„Man will Auseinandersetzungen gehört haben, jammernde Unterwürfigkeit trotz rotziger Demütigungen; ‚notgeile Schrapnell' und so weiter."

„Da sind der Dame dann doch die Sicherungen durchgebrannt ... mit den bekannten Folgen, die uns auf Trab halten", vermutet Bachmann.

Der Kollege nickt und berichtet, die Schlösser habe einer Kollegin mal gesagt, ein Mann genüge ihr nicht. Im Bett brauche sie den geilen Bock, am Schreibtisch die Wühlmaus, bei der

Außenfahndung oben den Adler, am Boden den Luchs, darunter den Maulwurf.

„Die eierlegende Wollmilchsau also. Passt nicht zu dem unterwürfigen Gebaren, das du vorher erwähnt hast, Bert."

„Auch sie ist älter geworden", meint Joheis, um dann aus heiterem Himmel zu fragen: „Sag mal, Jörg, hattest du damals nicht auch was mit ..."

„Erinnere mich nicht daran!", unterbricht der ihn unwirsch, um dann mit einer Frage auszuweichen: „Hauptkommissar Fritz Einsiedel, den hast du nicht mehr erlebt, oder?"

„Leider nein, vielleicht der beste LKA-Fahnder ever, heißt es intern. Der ist doch kürzlich verstorben, oder?"

In die Pause hinein fragt Bachmann: „Ist dir mal was zu Ohren gekommen, wie der Einsiedel und die Schlösser, wie soll ich es sagen ..."

„Du wirst es nicht glauben, Jörg," unterbricht ihn Bert Joheis, „die hatten ebenfalls mal was miteinander. Und das Ergebnis soll die Schlösser an ihre Schwester abgeschoben haben, eine verheiratete Armbruster. Kind flop, Job top, ihr knallhartes Motto."

Bachmann schaut den Kollegen mit offenem Mund an.

„Sorry, mehr kann ich dir dazu nicht sagen, Jörg. Allerdings ..."

„Ja?"

„... kenne ich jemanden, der dir weiterhelfen könnte."

Kapitel 44
Besuch der alten Dame

Jörg Bachmann telefoniert selbigen Tags mit Ellen Schöntaler, einer Verwandten der gewichtigen Familie Schlösser, deren Adresse Bert Joheis ihm genannt hat. Man trifft sich am folgenden Tag um vierzehn Uhr auf der Restaurantterrasse des Hotels *Krähennest* in Löf, Blick auf die Mosel. Kein unbekannter Ort für ihn. Ein herrlicher Sommertag, kein Wölkchen trübt den blitzblanken blauen Himmel. Kein Hotelgast stört. Mittagsruhe.

„Fünf, Herr Kommissar; Laura, mein Patenkind, das Sandwichkind", antwortet ihm die sympathisch sonore Stimme der großgewachsenen, schlanken Dame im dunkelblauen Kostüm. Sie erinnert ihn an Christine Lagarde, die Chefin der *EZB*. Leichte Fältchen um dezent geschminkte, schmale Lippen.

„Also Druck von oben und unten", schlussfolgert er.

Sie nickt. „Dem musste sie sich entziehen. Als Klügste der Schlösserkinder fiel ihr das einerseits leichter als den anderen, andererseits schwerer."

„Wie das?", wundert sich Bachmann.

„Dazu später, Herr Kommissar."

„Jörg, bitte, wenn es Ihnen recht ist", sagt er und lächelt sie an.

„Gerne", antwortet die gepflegte Dame und bestellt zwei Gläser Sekt, als die gesichtsmaskierte Bedienung endlich auftaucht. „Okay?"

„Gerne", sagt Jörg, der tagsüber niemals Alkohol trinkt, schon gar nicht während der Dienstzeit.

„Ich fasse mal zusammen, Jörg. Die Namen erspare ich dir. Der Älteste, in schlechter Familientradition per Geburt zum Nachfolger an der Firmenspitze auserkoren, quält sich durchs BWL-Studium. Geschichtslehrer hat der Schöngeist insgeheim werden wollen. Undenkbar in der Familie Schlösser. Als Chef entpuppt er sich als eine Fehlbesetzung sondergleichen, mit fatalen Folgen für die Firma und ihn persönlich.

Die ältere Schwester macht eine Banklehre und dort die Bekanntschaft mit einem Geldhai, in dessen Hafen sie gezielt einschifft. In bester Familientradition gebiert sie rasch hintereinander eine Tochter, dann Drillinge.

Laura heuert trotz juristischen Prädikatsexamens zum Entsetzen der Familie im Polizeidienst an. Der passt zu ihrem Habitus."

Bachmann kräuselt die Stirn.

„Das meine ich positiv, Jörg."

Da wird der Sekt kredenzt.

„Zum Wohl!"

Ellen stößt mit ihm an.

„Du kennst Laura näher?", fragt sie und zieht die Brauen hoch.

„Dazu später", entgegnet er.

„Na gut. Die jüngere Schwester wird bereits als Schülerin schwanger, was sie aus dem Familienzusammenhang katapultiert. Der Erzeuger, ein mehr als doppelt so alter Lehrer, kommt bei einem Autounfall ums Leben. Sie hat in der Folge eine Fehlgeburt. Nach und nach verfällt sie dem Teufel Alkohol, andere Freunde hat sie nicht. Lauras unerwünschte Tochter lässt sie sich aufs Auge drücken. Mit dem Kind ist sie heillos überfordert. Ein verwitweter Metzger mit Kind nimmt sich ihrer an. Endstation. Der sichtbare blinde Fleck der Schlösser-Familie."

Ellen Schöntaler macht eine Pause, räuspert sich und fährt fort: „Der Jüngste der Schlössers, ein verhätschelter Tunichtgut, lässt sich auszahlen und setzt sich nach Teneriffa ab. Keiner weiß, was er dort treibt."

„Klingt wie der Plot eines Thomas-Mann-Romans im Taschenformat", raunt Jörg.

„So ist es", kommentiert seine Gesprächspartnerin, die sich mit einem „Entschuldige!" für einen Moment entfernt.

Da wird mir einiges klarer, wundert sich Bachmann, zieht sich am beringten Ohrläppchen und gibt bei dem Kellner, dessen schwarzer Mund-Nasen-Schutz haarkompatibel ist, eine Bestellung auf.

„Cappuccino, ist das okay?", fragt er, als sie wieder Platz nimmt und die dunkelblaue Gesichtsmaske versorgt.

Sie nickt.

„Was ist aus Lauras unerwünschter Tochter geworden?"

„Ich schätze, das habt Ihr herausgefunden", sagt sie.

Mit der Antwort hat er nicht gerechnet. Er nickt und sagt: „Sie besitzt einen noblen Bungalow in …"

„Ist mir bekannt", unterbricht ihn Ellen Schöntaler schroff.

Der Kellner tischt den Cappuccino auf.

Sie greift in die Handtasche, legt das Zigarettenetui auf den Tisch und fingert eine *Eve* heraus. Bachmanns erstauntem Blick begegnet sie lächelnd mit dem Hinweis: „Seit zweiundfünfzig Jahren Kettenraucherin."

Jörg schluckt, sie klärt auf: „Täglich eine Zigarette. Ich betone täglich."

Er beeilt sich, ihr Feuer zu geben. Sie nimmt einen tiefen Zug und bläst den Rauch über die Balustrade.

„Dann hätte ich nie aufgehört", bekennt er. „Respekt!"

„Sagt jeder Ex-Raucher", meint sie und lässt den Blick über das Moseltal schweifen.

„Und Laura?", fragt er.

Das heraufziehende Scheppern eines vorbeidonnernden endlosen Güterzugs fährt in die nachdenkliche Schweigeminute hinein. Düsenjets vom nahegelegenen Fliegerhorst Büchel schießen gleichzeitig mit ohrenbetäubendem Lärm im Paarflug über Löf, Kondensstreifen nach sich ziehend.

„Kifft, säuft, hurt … keiner weiß es, du schon", raunt sie und fixiert ihn mit stahlgrauen Augen.

In Zeitlupe drückt sie die Kippe im Aschenbecher aus und steht unvermittelt auf. Sie legt einen Zwanzig-Euro-Schein auf den Tisch und verabschiedet sich mit den Worten: „Seid nicht zu streng zu ihr!"

Kapitel 45
Das Rätsel „Corona"

Die *Soko*-Chefin erhält, von *Melissa* angekündigt, eine Mail Ann-Sophies, der Tochter ihrer Freundin Verena Preiss.

Ich habe meiner Deutschlehrerin den Themenvorschlag für die Facharbeit gepostet, Corinna. Begeistert war sie nicht. Die sperrigen Texte des Fürstenknechts Goethe seien ihr schon im Studium auf den Zeiger gegangen. Das hat sie allen Ernstes gesagt! Da gäbe es heute Interessanteres. Ich solle mal Sibylle Berg lesen … Aber bitte, wenn ich mir die Lektüre der „Iphigenie" antun wolle, dann sei das meine Sache.

Kopfschüttelnd liest Corinna die Mail. Keine Ahnung, aber Vorurteile, denkt sie. Wehmütig erinnert sie sich an ihren alten Deutschlehrer Thomas Behnke.

Wie alt ist deine Deutschlehrerin übrigens, Ann-Sophie?, tippt sie in die Tasten.

Schätze mal Mitte zwanzig, kommt die Antwort prompt.

Kein Wunder, geht es Corinna durch den Kopf. Da muss die Studienrätin doch tatsächlich selbst mal ein klassisches Drama lesen. Aber ich vermute, sie wird sich mit *Kletts* Lektürehilfen begnügen. Wird mir eine Freude sein, dies zu überprüfen.

Lass dich nicht entmutigen, Ann-Sophie, du wirst ihr Iphigenie und Corona Schröter schon schmackhaft machen.

PS: Lobenswert, wie gut du formulieren kannst. Sprachlich fehlerlos. Dass es so etwas noch gibt! Ich freue mich, dein Manuskript bald zu lesen.

Sogleich erfolgt die Reaktion.

Danke Frau Lehrerin! Ist übrigens bei dem strengen Regiment Verenas in sprachlichen Fragen kein Wunder.

Da hast du wohl recht, antwortet Corinna. *Die Texte deiner Mutter sind nicht nur klug, sondern, was für die HZ, aber auch für andere Zeitungen leider keine Selbstverständlichkeit mehr ist, sprachlich stets korrekt.*

Verena hat sich mächtig über einen Mitarbeiter geärgert, schreibt Ann-Sophie stante pede. *Ich meine die Nachricht: „Hauptkomisarin Schmitt deutet an, das man kurz vor Aufklärung der dubiosen Ereignisse im* Papageienhaus *steht."*

Ach, damit ich's nicht vergesse. Im Anhang mein erster Entwurf.

Hallo Corinna, ich bin auf die Idee gekommen, das SWR-Feature über Corona Schröter auszubauen. Damit soll meine Facharbeit beginnen. Bin sehr gespannt, was du von meinem Manuskript hältst.

„Mein Name ist Lore Neuhaus. Ich stehe in Weimar mit Peter Braun, dem Biografen der Corona Schröter, vor dem Wit-

tumspalais, das coronabedingt zur Zeit leider geschlossen ist. Herr Braun, geben Sie uns einen Einblick in die damalige Zeit hier in Weimar!"

„Nun, der siebenundzwanzigjährige Goethe war bereits nach einem Jahr als Bürgerlicher gegen den Willen der Höflinge in hohe Regierungsämter befördert worden; dank des ihm in tiefer Freundschaft verbundenen jugendlichen Herzogs und dessen siebenunddreißigjähriger Mutter. Goethe lockte das edle Geschöpf Corona Schröter 1776 an den Weimarer Hof. Seit der Leipziger Studentenzeit war die zwei Jahre jüngere, von vielen bewunderte schöne Sängerin mit den graublauen Augen ein Magnet seiner Begierde. Recht bald gemeinsame Spaziergänge, Tänze auf Maskenbällen, Bühnenauftritte, Konzertbesuche, begleitet von Eifersüchteleien der früh verwitweten Herzoginmutter Anna Amalia und deren unglücklich verheirateter früherer Hofdame Charlotte von Stein. Andererseits Verärgerung Goethes über die Nachstellungen des unglücklich verheirateten Herzogs, ein Schürzenjäger erster Güte, dessen Mätresse zu werden Corona sich erfolgreich weigerte. Ohnehin wurde sie von Zeitgenossen trotz aller Hochachtung als eigenwillig, kühl und vor allem als unnahbar charakterisiert, eine kalte Marmorstatue von klassischer Schönheit. ‚Nimmt sich der gute Freund zu viel heraus, gleich ist die Schneck' in ihrem Haus', reimte Goethe einmal."

„Prinzessin auf der Erbse?"

„Nicht nur das, Frau Neuhaus. Auch eine gefährliche Schlange, die Männer gerade wegen ihrer coolen, würde man heute sagen, also wegen ihrer coolen Unnahbarkeit zum Wahnsinn treiben konnte. Die aktuellen pandemiebedingten AHA-Regeln hätten ihr in die Karten gespielt. Kein Wunder, dass der stolze Johann Wolfgang angesichts ihrer lieblosen Freundlichkeit irgendwann die Reißleine zog und sich, wenngleich erst nach drei Jahren, von der Crone, wie er sie schmeichelnd nannte, distanzierte. Sein Ego war zu groß, um in ihr Schneckenhaus zu schauen. Der Musenhof, sein Amt, der herzogliche Freund und Frau von Stein waren ihm wichtiger. Gleichwohl näherten sie sich bei den Proben und

Aufführungen des Liebhabertheater genannten Provinztheaters der Herzoginmutter immer wieder einander an; nicht zuletzt bei der „Iphigenie", die Goethe der Schröter auf den Leib geschrieben hatte. Corona spielte die Iphigenie, Goethe den Orest. Die Wirkung auf damalige Zuschauer war überwältigend. So schrieb die Hofdame Anna Amalias, Luise von Göchhausen, an Goethes Mutter, ihr Sohn habe meisterlich gespielt und der majestätische Auftritt Corona Schröters bleibe unvergesslich.

Der Schröterin zu Ehren reimte Goethe später in einem Gedicht: ‚So häuft sie willig jeden Reiz auf sich,/Und selbst dein Name ziert, Corona, dich.'"

„Klingt aus heutiger Sicht grotesk, wie aus der Zeit gefallen, oder? – Wie endete die Geschichte, Herr Braun?"

„Nicht gut, gar nicht gut. Corona Schröter, immer schon eine seltsame Außenseiterin, zog sich mehr und mehr vom Hofleben zurück. Das hatte freilich einen Grund, einen schrecklichen: ihre Lungenkrankheit."

„Das müssen Sie uns erklären, Herr Braun."

„Nun, immer öfter wurde Corona von Hustenattacken gequält. Deshalb mied man den Umgang mit ihr zunehmend. Man schützte vor, ihre Stimme und ihre Ausstrahlung hätten Federn gelassen. Der Vergleich war so schräg wie die Haltung hinter dem Vorwurf. Man hatte schlichtweg Angst vor einer Virenschleuder namens Corona. Sie, die seismographisch geringste Anzeichen von Verletzungen und Seelenpein registrierte, muss sich wie eine Aussätzige vorgekommen sein.

Den letzten Halt verlor sie dann auch noch. Die Liebschaft mit einem gleichaltrigen Kammerherrn an Anna Amalias Witwenhof, dem Hofrat Einsiedel, ein liebenswürdiger, aber ständig verschuldeter Spieler, mit dem sie gelegentlich auf der Bühne gestanden hatte, endete, als dieser im August siebzehnhundertachtundachtzig Anna Amalia nach Italien begleitete.

Bereits im Frühjahr dieses Jahres hatte Einsiedel in einem Brief sein Unbehagen in der Beziehung zu Corona angedeutet.

Man hat ihn im Nachlass der Wilhelmine Probst, der Frau, die ständig an ihrer Seite war, gefunden.

27. März 1788, Mittwoch, morgens
Liebste Cora. Mein Kopf ist unruhig. Dein letztes Billet beschuldigt mich einer Unwahrheit. Ich sei von Dir gegangen, um dem geselligen Kreis der Herzoginmutter den Vorzug zu geben. Meiner Eitelkeit hätte ich daselbst frönen wollen. Statt Dir, meine Liebste, Gesellschaft zu leisten, sei es mir angelegener gewesen, in der Hofrunde der Herzoginmutter den Damen und auch Herrn von Goethe aus meinem neuesten Werk vorzulesen.

Ach Liebste, weit gefehlt. Du hattest etwas Kaltes, etwas Abweisendes, das mich frösteln ließ. Drum hielt ich es nicht mehr aus. Dir ist das selber wohl kaum bewußt gewesen, Holdeste. Drum kein Vorwurf. Nur das Eingeständnis eines unglücklichen Sterblichen. Damit will ich keineswegs, daß mein traurig Gestirn das Deine, das lieblich leuchtet, umwölkt.

Liebste Cora, meine Aufrichtigkeit gegen Dich lockt mir dies Geständnis ab. Ich habe Dich gar oft, meist unbemerkt, doch nicht ganz geheim, stets gern gesehn und bin Dir mit der reinsten Teilnehmung gut gewesen. Doch solange ich allenfalls Freundschaft Deines Geschlechts erwarten darf, nicht aber Liebe, muß ich um Abstand bemüht sein. Ich müßte mich selbst belügen, wenn ich sagte und meinte, ich könne mich auf Dauer mit einem Schatten begnügen und den Glanz eines höheren Schimmers einer andern gönnen.

Gleichwohl schwöre ich, daß alle Hoffnung, die ich trotz allem hin und wieder bei Dir empfinde, dieses höhere, wärmere, innigere Gefühl einzig in meinem Kopf und nie durch Dein Gebaren entstanden ist; der Himmel weiß um meinen unglücklichen Selbstbetrug.

Ich möchte nicht jeden Augenblick fürchten müssen, daß Dein Stolz, schlimmer noch, Dein Mitgefühl, mich früher oder später trifft.

Drum sinne ich seit längerem auf Abhilfe. Lange habe ich nichts gewagt und mir nichts zugetraut. Das ändert sich gerade, Gott sei Dank.

Der versteckte Hinweis am Ende spielt auf die Italienreise der Herzoginmutter an. Die Reisevorbereitung war bereits weit gediehen, als Einsiedel den Brief schrieb. Ob Corona Schröter die Warnung verstehen konnte?
    Hier ein Auszug aus Einsiedels Abschiedsbrief:

14. August 1788, Montag, nachts
Ich schreibe Dir, liebste Freundin, noch jetzt spät, ungeachtet ich weiß, daß so bald diese Zeilen nicht in Deine Hände kommen werden! – Ich versteh nicht, liebste Cora, weshalb unsern Bund nicht leichtere Geister begleitet haben; Es ist etwas Trauriges in unserer Lage. Zuweilen blinkt uns zwar ein Schimmer von Glückseligkeit zu, doch im Nu umwölkt uns Zweifel. Ehedem berauschte mich liebestolle Begierde in Deiner Gegenwart, für einen kurzen Moment erfüllte sich mein Begehren, dann aber landete ich unversehens auf kaltem Boden. So verbittern wir uns manchen augenblicklichen Genuss. Kann's wohl anders sein? Ich glaube – nein. Allzu oft hast Du etwas Kaltes und Leidendes. Dein Blick sagt mir dann: Hier bin ich, gib mir meine Ruhe zurück!
    Nun denn, so soll es sein. Ich werde mit der Herzoginmutter gen Italien aufbrechen. Ich lebe nun mal in der Welt und muß drum auch mit der Welt leben.
    Lebe wohl! D. F.

In den Folgejahren kränkelte Corona Schröter mehr und mehr, Folge der vom Gesang in jungen Jahren bereits überstrapazierten Lunge. Die Auszehrung genannte Tuberkulose raffte sie einundfünfzigjährig in Ilmenau dahin, wo sie sich eigentlich eine Besserung ihres Hustens erhofft hatte. Sie verstarb in den Armen ihrer langjährigen treuen Begleiterin Wilhelmine Probst. Drei Tage nach ihrem Ableben wurde sie um drei Uhr in einer

Nacht- und Nebelaktion unter die Erde gebracht. Kein Weimarer war zugegen, auch Einsiedel nicht. Goethe ohnehin nicht."

„*Wie das?*"

„*Nun, Goethe hat den Anblick Toter gemieden. Weder Herder oder Schiller noch Anna Amalia oder Wieland habe er im Sarge sehen wollen, hat er später bekannt. Auch Beerdigungen ist er ferngeblieben, selbst der seiner ‚lieben kleinen Frau' Christiane im Jahre 1816.*

Corona Schröters unwürdige Beerdigung veranlasste Goethes Urfreund von Knebel zu dem harschen Urteil, es sei sündlich, wie Weimar mit seinen Toten umgehe. Ein Urteil, das heute coronabedingt auf viele Beerdigungen zutrifft."

„*Da sagen sie was, Doktor Braun! – Sie haben Eifersüchteleien sowohl der Herzoginmutter als auch ihrer vormaligen Hofdame von Stein erwähnt."*

„*Ein verzwicktes Thema. So viel in Kürze. Goethe hatte vermutlich eine etwa zweijährige Liebesbeziehung zu Anna Amalia; mit Wissen ihres Sohnes Karl August übrigens.*

Es gibt die These, Frau von Stein habe als vermeintliche Adressatin der Liebesbriefe Goethes die Funktion einer Strohfrau wahrgenommen. Schließlich habe die delikate Geschichte zwischen jungem Dichter und verwitweter Herzoginmutter nicht öffentlich werden dürfen. Diese These fällt heute differenzierter aus. Goethe hatte wohl zeitweise eine Doppel-, wenn nicht gar Dreifachbeziehung; Corona Schröter beziehe ich aus guten Gründen mit ein. Das provozierte wechselseitige Eifersüchteleien. Später wurde aus der Liebesbeziehung Goethes zu Anna Amalia eine feste Freundschaft. Die Liebesbeziehung zu Charlotte von Stein hingegen war ein ständiges Auf und Ab zwischen Anziehung und Zurückweisung seitens von Steins, bis zu Goethes fluchtartiger Abreise nach Italien 1786."

„*Wo er neben anderen den Hochstapler und Magier Cagliostro traf, oder?"*

"Dem selbsternannten Grafen ist er nie begegnet, Frau Neuhaus. In Palermo suchte er allerdings die Familie dieses berüchtigten Abenteurers Guiseppe Balsamo auf."

"Warum gibt es so viele Unklarheiten?"

"Quellen sind weg, zum Beispiel hat sich Charlotte von Stein alle ihre Briefe an Goethe zurückgeben lassen, um sie zu vernichten. Corona Schröters Tagebuch, das sie nachweislich Goethe übergeben hat, ist verschwunden."

"Merkwürdig, der selbstverliebte Herr Goethe. – Wie hat er übrigens sein ‚von' ergattert?"

"Auf Betreiben Karl Augusts, vor allem aber der Herzoginmutter wurde er recht bald von Kaiser Franz Josef II geadelt."

"Nun, der Herr von Goethe hat doch sein ganzes Leben zu Literatur gemacht, oder?"

"Sie haben recht, Frau Neuhaus, allerdings mit einer Einschränkung. Zu seinen intimen Begegnungen mit Geliebten, wozu ich ganz gewiss Corona Schröter zähle, gibt es von ihm nicht eine Zeile. Vor allem hat er die intime Beziehung zu seiner Frau beschwiegen."

"Rätsel gibt er immer noch auf, oder?"

"Oh ja. Unerklärlich ist mir bis heute, weshalb er, als Schillers Gebeine in die Weimarer Fürstengruft umgebettet werden sollten, unerlaubterweise dessen Schädel ein Jahr lang im Arbeitszimmer aufbewahrte. Er, der jede Art von Todeskult ablehnte, verfasste ein Gedicht, das sein Adlatus Eckermann wie folgt betitelte: Bei Betrachtung von Schillers Schädel.*"*

"Makaber. Noch eines, Herr Braun. Wie haben Goethes Zeitgenossen das alles eingeschätzt?"

"Zwei Beispiele. Gräfin Goertz lästerte in einem Brief an ihren Gatten, der eine Zeit lang Hofmeister des jugendlichen Karl August war, über den Tabubruch der Herzogin, sich einen bürgerlichen Dichter ins Bett zu nehmen. Die höfische Fassade wurde indes nicht angekratzt, man wahrte Diskretion. Anders Superintendent Herder, die moralische Instanz vor Ort. Bei der Gräfin von Goertz, wo er oft zu Gast war, packte er offen seine Verachtung der

Herzoginmutter aus und tadelte den Favoriten, also Goethe. Dabei hatte ihn dieser Popstar seiner Epoche nach Weimar geholt."
„Undank ist der Welten Lohn."

Eine wirklich aparte Idee, die du gekonnt ausgestaltet hast, Ann-Sophie, kommentiert Corinna. *Du hast deiner Corona-Figur mit Absicht ambivalente Charakterzüge verliehen, vermute ich, oder?*
So ist es, kommt sogleich die Antwort. *Ich habe zunehmend den Eindruck gewonnen, dass Corona Schröter trotz aller Eleganz und weiblicher Koketterie wie ein Mann fühlte und handelte.*
Eine bemerkenswerte Einschätzung, mailt Corinna, *vielleicht deshalb die Dauerbeziehung zu Wilhelmine Probst?*
Eine lesbische Beziehung?
Wie dem auch sei, antwortet Corinna, *eindeutige Belege für diese These gibt es wohl nicht.*
Die fiktiven Briefe Einsiedels hast du geschickt aus dessen sprachlichen Hinterlassenschaften montiert. Dein Einsiedel flüchtete im Tross der Herzoginmutter vor Coronas Kälte ins warme Italien wie zuvor Goethe vor dem besitzergreifenden, gleichwohl konsequenzlosen Liebesgebaren der Frau von Stein. Schützte nur radikale Flucht vor den seelischen Blutsaugerinnen? Ist einem Coronavirus nur so zu entkommen? Allein wohin? Antworten habe ich nicht, Ann-Sophie.
Der Schattenwurf ihres Lebens klebte an den Weimarern, auch nach Coronas Tod. Auch wir Heutigen werden uns so bald nicht von Coronas Schattenwurf befreien können.
Darüber muss ich nachdenken, Corinna, schreibt Ann-Sophie. *Hast du eine Idee, wie ich die Iphigenie-Lektüre einbringen kann?*
Corinna vertröstet „ihre Schülerin". Am Wochenende werde sie Zeit haben, sich genauer in die Materie einzulesen.
Vielleicht setzt du dich mit dem zweifelhaften Ratschlag des Pylades auseinander, wird ihr Rat lauten. *Pylades gibt Iphigenie unmissverständlich zu verstehen:* „Du weigerst dich umsonst; die ehrne Hand der Not gebietet, und ihr ernster Wink ist oberstes Gesetz."

Mir fällt im Gegenwartsbezug dazu die „Hauptsache-gesund-Rhetorik" in den Monaten des allgemeinen Lockdowns ein. Die steht mit dem Leitgedanken „Jedes Leben zählt" in guter kantianischer Tradition, nach der man Leben nicht gegeneinander abwägen kann. Die Schweden sind einen anderen Weg gegangen.

Statt der mythischen Zwänge, die in der Vorgeschichte der Iphigenie Gräueltaten ohne Ende bewirkten, setzt man bei uns, Corona sei Dank, eine auf „AHA" verkürzte Verhaltensnormierung in Gang. Auf Dauer wird die uns allerdings als sozialen Wesen nicht guttun. Aber das ist meine persönliche Meinung, Ann-Sophie.

Ach übrigens; Herzog Karl August hat im Liebhabertheater den Pylades gegeben, den treuen Jugendfreund von Iphigenies Bruder Orest. Für den Thoas war er zu jung; dabei hätte diese prominente Rolle wegen Coronas Iphigenienpart besser zu ihm gepasst.

Für Corona Schröter war die Iphigenie in vielfacher Hinsicht die Rolle ihres Lebens. Vielleicht gelingt es dir, diese Zusammenhänge herauszuarbeiten.

Kapitel 46
Soko Torso **IX: finale Aufklärung der Straftat(en)**

„Sehr geehrte Kriminaloberrätin Schlösser ...",

„... seit heute Kriminaldirektorin, Frau Hauptkommissarin", wird sie unterbrochen.

„Oh, gratuliere", sagt Schmidt, „sehr geehrte Frau Kriminaldirektorin Schlösser! Ich freue mich, Ihnen mitteilen zu dürfen: auch wir haben unsere Arbeit zu Ende gebracht."

„Sie haben den Fall also gelöst. Nichts anderes hatte ich von Ihnen und dem Team erwartet", säuselt die frisch beförderte LKA-Beamtin, die den *Soko-Torso*-Ermittlern gegenübersitzt, und nickt ihnen anerkennend zu. Sie trägt einen anthrazitgrauen Hosenanzug, drapiert mit einer giftgrünen Krawatte.

Es ist Freitag, der sechsundzwanzigste Juni.

„Die Fälle, Frau Kriminaldirektorin, die Fälle."

Schlösser macht Augen und sagt: „Bin gespannt. Legen Sie los!"

„Wissen Sie, Frau Schlösser, gelegentlich nehmen sich tödliche Ereignisse auf den ersten Blick wie Verbrechen aus. Nehmen wir das Beispiel des polnischen Auftragsmörders Furtok. Beate, bitte!"

„Furtok sollte im Auftrag von *Zamoticon* Corona Kraushaar liquidieren. Klare Vergeltungsaktion und ein Abschreckungssignal an potenzielle Nachahmer. Kraushaars Truppe hatte *Zamoticon* in die Suppe gespuckt. Doch das Corona-Virus nahm Furtok die Arbeit ab. Der *Papageienhaus*-Besitzer Erich Finger, ein sadistischer Sexualpsychopath erster Güte, entdeckte die infolge der Virusinfektion verstorbene Nachbarin, die neben den Mülltonnen zusammengebrochen war. Er zerstückelte die Leiche und verteilte sie auf die Biotonnen seiner Mitbewohner."

„Hört sich an wie ein Tarantino-Gruselstück", kommentiert Schlösser kopfschüttelnd.

„Nun kommt Corona Kraushaars neuer Chefinformatiker Doktor Goertz ins Spiel, Laura. Den hochverschuldeten Spieler kennst du ja bestens", fährt Bachmann fort. „Schließlich hat er bis vor wenigen Wochen als Sicherheitsexperte unter dir beim LKA gearbeitet."

Schlösser fährt sich fahrig durchs graumelierte Kurzhaar, sagt aber nichts.

„Zunächst haben wir vermutet, er sei von Cagliostro, unterstützt von Göchhausen, vergiftet worden. Die beiden wären davon ausgegangen, so unsere Unterstellung, der Goertz habe seine, also Sebastians Mutter Corona Kraushaar aus Habgier an *Zamoticon* verraten. Kollegin Schmidt hat dich seinerzeit über die Zusammenhänge in Kenntnis gesetzt?"

Die Kriminaldirektorin nickt und zupft sich eine Fluse vom Ärmel.

„Cagliostros leiblicher Vater Fritz Einsiedel – für dich ja auch kein Unbekannter, Laura …" Bachmann macht eine bedeutungsschwere Pause, in der er die Angesprochene fixiert, ohne sie allerdings aus der Reserve locken zu können.

Auch Corinna, von Jörg kurz zuvor über Schlössers biologische Mutterbeziehung zu Miriam Armbruster informiert, scheint, wie ihr Seitenblick auf den Kollegen signalisiert, verwundert zu sein, wie kaltschnäuzig und selbstbeherrscht sie das unausgesprochen Angedeutete überhört.

„… Einsiedel könnte die Tat gutgeheißen haben. Ihm kam im Übrigen der tödliche Unfall des vermeintlichen Mörders Furtok sehr zupass. In der Nacht nach dessen Beerdigung buddelte er die Leiche aus, zerlegte sie und verteilte sie, abgesehen vom Kopf, der im Grab verblieb, in Mülltonnen in Simmern. Mit dieser Aktion wollte er die Ermittler, also uns, in die Irre führen."

Mit gespieltem Entsetzen fragt Schlösser, ob es in Simmern nur so von Leichenschändern wimmele.

Bachmann zuckt mit den Schultern und ergänzt: „Dank der historischen Detailkenntnisse unserer Chefin flog die Einsiedel-Cagliostro-Göchhausen-Tarnung auf und der Schleier lüftete sich."

„Bei Doktor Bartschneider und Miriam Armbruster folgten wir naheliegenden, aber falschen Fährten", räumt Kommissar Castor ein. „Dina Herzel, Kraushaars neue lesbische Flamme, konnte Einsiedels Autoattacke entkommen; sein irregeleiteter Racheakt wegen der Corona-Übertragung, in deren Folge die Mutter seines Sohnes verschied."

„Ich resümiere", schaltet Corinna Schmidt sich wieder ein, „Furtok verstarb nach einem tödlichen Unfall, Einsiedel, der Furtok-Zerstückler, vermutlich nach einem Herzinfarkt, Finger nach einer Corona-Infektion, ebenso wie Kraushaar, die er zerstückelt hatte."

Die *Soko*-Chefin schaut in die Runde. Dann fixiert sie Schlösser und reiht Wörter wie Legosteine aneinander: „Wer – aber – hat – Doktor – Goertz – auf – dem – Gewissen?"

Spannung liegt in der Luft. Die LKA-Beamtin scheint den Braten zu riechen. Sie sei in eine Falle gelockt worden, zischt sie.

„Keineswegs, Frau Schlösser, keineswegs. Sie hatten um zeitnahe Information gebeten, sollten sich gravierende Neuigkeiten ergeben. Und die haben sich ergeben. Deshalb haben wir Sie gebeten, zu uns nach Simmern zu kommen. Nochmals danke, dass Sie eilends unserer Einladung gefolgt sind."

Schlösser hält Maulaffen feil.

„Und nun zu der gravierenden Neuigkeit." Die *Soko*-Chefin lässt die Blicke kreisen, dann fixiert sie erneut ihr Gegenüber und sagt mit fester Stimme: „Frau Kriminaldirektorin Schlösser, ich verhafte Sie wegen des dringenden Verdachts, Doktor Johannes Goertz getötet zu haben. – Beate, bitte!"

Resolut lässt Kommissarin Wunderlich die Handschellen zuschnappen, ein zufriedenes Grinsen im Gesicht. Erstaunlich schnell scheint die Überrumpelte sich wieder im Griff zu haben. Sie, Kommissarin Wunderlich, solle sich nicht zu früh freuen. Der untreue Jörg werde ihr schon auch noch übel mitspielen. Bei dieser keifenden Warnung wirft sie Bachmann, der es sich auf dem Stuhl bequem gemacht hat, einen flackernden Blick zu.

„Leere Drohungen haben mich noch nie beeindruckt", retourniert Beate ungerührt.

Jörg nickt ihr lächelnd zu.

Warum sie Johannes Goertz umgebracht haben sollte, spuckt Schlösser dann die Motivfrage wie einen faulen Apfelkern aus. Was Sie, Hauptkommissarin Schmidt, sich einbilde!, schwingt mit.

„Der Drops ist gelutscht", kommt es Bachmann flapsig über die Lippen.

„Sagen Sie's mir!", pariert die *Soko*-Chefin. „Auch eine Kriminaldirektorin schleppt Verletzungen wie Wackersteine mit sich herum, auch der sind Rache- und Vergeltungsgelüste nicht fremd."

Tiefliegende, glasige Augen starren sie an.

„Wir haben in der Wohnung Goertz Unterlagen gefunden."

Corinna greift zum Wasserglas und schaut auf eine versteinerte Maske.

„Der Mann, dem Sie vertraut, den sie vielleicht gar geliebt haben, der hat Sie um ein hübsches Sümmchen erleichtert. Da schwillt einem schon mal der Kamm, oder?"

Schlösser verzieht keine Miene.

„Und da ist ja noch der Geheimnisverrat deines ehemaligen LKA-Mitarbeiters. Um an Spielgeld zu kommen, betätigt Goertz sich als Maulwurf. Dieses Spiel beherrscht er wie kein anderer. Schlimmer geht's nimmer", legt Bachmann nach.

Schlösser lehnt sich zurück. Die Lider zittern, zusammengekniffene Lippen sind ein böser Strich im aschfahlen Gesicht.

„Irgendetwas wird das Fass zum Überlaufen gebracht haben. Wir werden es herausfinden, Frau Kriminaldirektorin, das versprechen wir Ihnen", schaltet sich nun auch Castor wieder ein.

Gerade als Schlösser zu einer Replik auszuholen scheint, übertönt *Melissa* das Geplänkel und zaubert ein Lächeln in das Gesicht Corinnas, während sie die SMS überfliegt. „Was für eine Überraschung, Frau Kriminaldirektorin!", informiert Schmidt mit nach oben gezogenen Brauen, „unsere Kollegen haben Spuren in Doktor Goertzens Simmerner Wohnung sichergestellt, Spuren – auch und nicht zuletzt von Ihnen."

Sie habe ihn mal besucht. Schließlich seien sie bis vor Kurzem zusammen gewesen.

„Wann war das ‚mal'?", insistiert die *Soko*-Chefin.

Das könne sie nicht mehr sagen, antwortet sie achselzuckend.

„Aber ich. – Am Todestag von Doktor Goertz."

Wer das behaupte, fragt sie entrüstet.

„Zeugen. Und sie wurden am selben Abend auch im Hotel *Birkenhof* gesichtet."

Ob es dafür ebenfalls Zeugen gebe, will sie wissen.

„So ist es. Wir haben die Kontaktdaten, die die Gäste hinterlassen mussten, benutzt."

„Zulässig bei Verdacht einer schweren Straftat. Ist dir bekannt, oder?", ergänzt Bachmann lässig.

Schmidt schiebt ihr das Smartphone unter die Nase und raunt: „Trotz Rothaarperücke."

Wunderlich erinnert sich vage.

Schlösser wirft nicht einen Blick auf das Foto.

„Steht dir übrigens besser", kann Bachmann sich auch diesen Seitenhieb nicht verkneifen.

Was sie in dem Hotel gemacht haben sollte, empört sie sich.

„Überprüfen, ob dein Rachefeldzug von Erfolg gekrönt wurde", entgegnet Bachmann kühl. „Du wolltest Goertzens Inferno auskosten, um es auf den Punkt zu bringen."

Sie habe gar nicht gewusst, dass er eine derart blühende Fantasie habe, krächzt sie. Schweiß perlt ihr auf der fliehenden Stirn.

„Die den Haftrichter überzeugen wird, meine Liebe", kontert Corinna Schmidt.

Was Sie sich einbilde, entfährt es Schlösser.

„Sie sind nicht mehr systemrelevant. Abführen!", ordnet die *Soko-Torso*-Chefin an, ohne die Schlösser in den Handschellen eines Blickes zu würdigen.

Die allerdings glaubt, noch ein Ass im Ärmel zu haben: „Vermutlich bin ich coronapositiv. Mein Abschiedsgeschenk für die *Soko Torso*", tönt sie und folgt, den Schwanenhals gereckt, dem herbeigerufenen Streifenpolizisten, der sich mit einer speziellen Maske schützt.

Kapitel 47
Brief aus der Quarantäne

Simmern, Anfang Juli 2020
Deinen lieben Brief, mein bester Johannes, habe ich erhalten und danke dir herzlich dafür. Wie freuen wir uns beide auf ein Wiedersehen!

Und nun das. Verdammt! Hat es auch unser Team erwischt? Wir alle wurden vorsorglich getestet. Die Drohung der Schlösser, wovon ich dir berichtet habe, hat sich nach der Testauswertung als leer erwiesen. Allerdings hat sie ironischerweise grundsätzlich recht, wenn sie sagt, sie sei coronapositiv. Möchte wissen, wie man so durch und durch böse werden kann.

Aber unser Kollege Lukas hat einen positiven Befund, was ja negativ ist. Eine der heutigen semantischen Paradoxien. Vermutlich hat er sich beim Einsatz anlässlich einer Demo infiziert. Rücksichtslos marschierten die Demonstranten in Massen masken- und abstandslos gegen die Corona-Politik auf. Zusammenrottungen lassen sich weder schützen noch steuern. Covidiotische Ichlinge treiben die Infektionszahlen wieder nach oben. Sorglosigkeit an vielen Orten. Der Appell an die Eigenverantwortlichkeit verpufft bei zu vielen.

Und wir sind allesamt vorsorglich für zwei Wochen in Quarantäne, vierzehn lange, lange Tage lang. Keine Abkürzung bei negativen Testergebnissen. Verdammt!

Einige spucken sich in die Hände ... die uns gebunden sind. Ich werde dir später davon berichten.

Soeben aber bin ich vor allem tieftraurig, Dich, mein lieber Johannes, so bald nicht treffen zu können, jetzt, da die Grenzen endlich wieder geöffnet sind! Fragt sich, wie lange noch!

Corona, du bist echt das Letzte!
... behalt mich lieb. Deine C.S.

Epilog

Gelegentlich nehmen sich tödliche Ereignisse nur aus wie Verbrechen. Sollte einen diese Einsicht beruhigen? Das hängt vom Standpunkt des Betrachters ab. Es gibt Taten, die sind noch erschreckender, noch betrüblicher als Tötungsdelikte.

Die Wirklichkeit menschlichen Handelns ist viel zu komplex, als dass man sie allein mit rationalen Gründen erklären könnte. Insofern ist unser vorderhand aufgeklärtes Menschenbild naiv und irrational. Tief verwurzelt Autobiographisches, ungezügelt Emotionales und situativ Atmosphärisches vermischen sich zu einem verwirrenden Motivknäuel, das aufzudröseln erst im Nachhinein möglich ist – falls überhaupt. Noch so plausibel klingende Aussagen einer Person sind subjektiv gefärbt. Erst die Zusammenschau, Durchdringung und Entflechtung der vielen subjektiven Zeugenaussagen lüften den Schleier über der Wahrheit des Geschehenen, ein wenig, vielleicht. Das wäre jenseits des Faktischen schon viel.

Figurentableau

Die *Soko Torso*:
Bachmann, Jörg, Oberkommissar
Castor, Lukas, Kommissar
Schmidt, Corinna, Hauptkommissarin, Leiterin der *Soko*
Wunderlich, Beate, Kommissarin (Lebensgefährtin Bachmanns)

Joheis, Bert (Kommissar beim LKA)
Löwenbrück, Leila (Oberstaatsanwältin)
Schlösser, Laura (Kriminaloberrätin)

Armbruster, Miriam Wilhelmine (Stewardess)
Bartschneider, K.R. (Karl Rudolph, genannt Karu), Dr. (Jurist)
Eitel-Rück, Stella, Dr.
Franke, Bärbel (Putzfrau Bartschneiders)
Faust, Erik (Barkeeper)
Finger, Erich (Finanzbeamter)
Herzel, Dina
Kraushaar, Corona (Cora, Crone) Elisabeth (Chefin der Internetfirma *Siwei)*
Roßkopf, Lena

Cagliostro, Guiseppe (Aushilfskellner im *Birkenhof,* bürgerlicher Name Marc Sebastian Kraushaar)
Einsiedel, Friedrich Hildebrand (der Ich-Erzähler)
Furtok, Tomasz (polnischer Agent von *Zamoticon*)
Goertz, Johannes, Dr. (Chefinformatiker von *Siwei*)
Göchhausen, Luise (bürgerlicher Name Luise Kneip)
Haller, Johannes, Doktor (Freund von Corinna Schmidt)
Preiss, Verena (Redaktionsleiterin der *HZ*-Außenstelle Simmern)
Schöntaler, Ellen (Patentante Laura Schlössers)
Simon, Johannes (Pfarrer)
von Stein, Anna Amalia (Aufsichtsrätin von *Siwei*)
Teske, Thomas (Lehrer)

Weitere Figuren: *SWR-2*-Reporter Lore Neuhaus und Daniel Falk, Schröter-Biograf Peter Braun, Gerda Hammen (eine Tante Fingers)

Inhaltsverzeichnis

Prolog	5
Grausige Entdeckung	6
Corona-Lockdown	9
Heimlicher Beobachter	13
Befragung Roßkopfs	15
Geisterwohnung im *Papageienhaus*	19
Soko Torso I: Tatverdächtige	21
Besuch bei der *HZ*-Redaktionsleiterin	24
Soko Torso II: LKA-Auftritt	29
Hopperhafte Begegnung	33
Soko Torso III: überraschender Obduktionsbefund	36
Verhör eines *Papageienhaus*-Bewohners	39
Makabrer Verdacht	41
Soko Torso IV: Haftbefehl	42
Entlastung des Verdächtigen?	44
Zeugenbefragung der *Papageienhaus*-Bewohner	46
Soko Torso V: neuer gerichtsmedizinischer Befund	55
Überraschender Verdacht	57
Die unerwartete Zeugin	60
Trittbrettfahrer?	63
Beerdigungsfarce	64
Spätzünder-Kolumne	67
Befragung des Beerdigungspfarrers Simon	68
Einblicke in Fingers Biografie	70
Verfolgungsjagd	72
Corona Schröter	74
Besuch bei Ex-Kommissar Einsiedel	79
Neues zu Corona Schröter	81
Tod im *Birkenhof*	84
Papageienhaus in Quarantäne	91
Brief an den Freund in Corona-Zeiten	92
Antwort von der Insel	95
Versöhnung	97
Ein Toter und ein Abschiedsbrief	98

Corona-Erbschaft	101
Soko Torso VII: mehr Fragen als Antworten	102
Eine zweite Beerdigung	103
Romanhafte Coronabiografie	106
Soko Torso VIII: neue Verdächtige	108
Rätselhafter Abschiedsbrief	109
Grausige Entdeckung	111
Verhör zweier Tatverdächtiger	113
Blamage der Ermittler	116
Konspiratives Treffen	118
Besuch der alten Dame	120
Das Rätsel „Corona"	123
Soko Torso IX: finale Aufklärung der Straftat(en)	132
Brief aus der Quarantäne	137
Epilog	139
Figurentableau	141

Der Roman greift Motive und Figurenkonstellationen des Vorgängerkrimis **Finale Rache** auf, die für das Verständnis des Erzählten hilfreich, aber nicht unabdingbar sind.